A M D G

GRAMMAIRE ANGLAISE

J M J

AUCH

IMPRIMERIE ET LITHOGRAPHIE J. LARTET

—

1888

AMDG

GRAMMAIRE ANGLAISE

JMJ

AUCH

IMPRIMERIE ET LITHOGRAPHIE J. LARTET

—

1888

Notions Préliminaires.

L'alphabet anglais a les mêmes lettres que l'alphabet français et en plus la lettre *w*. Mais ces lettres n'ont ni la même prononciation ni le même son qu'en français.

Lettres.	Prononciation.	Son.	Lettres.	Prononciation.	Son.
a..	êi.....	a, êi.	n .	n.....	n.
b..	bi.....	b.	o .	oôu ..	oôu, ou (o).
c..	ci.....	c } comme	p .	pi....	p.
d..	di.....	d } en franç.	q .	quiou.	q.
e..	ii.....	ii, è, eu e muet	r..	âr....	r.
f..	f.....	f.	s..	s.....	s.
g..	gi....	g, gu.	t..	ti	t.
h..	heitch.	h } fortememt aspirée.	u .	iou..	iou, ou, œu } n'a jamais le son français.
i..	âi	âi, i, eu.	v .	vi....	v.
j..	djêi...	dj.	w.	deubliou.	ou.
k..	kei...	k.	x .	ex ...	x.
l..	l... ..	l.	y .	ouâi..	i, eu.
m.	m.....	m.	z .	z.....	z.

I. — Les voyelles sont *a*, *e*, *i*, *o*, *u*, *w*, *y*. Comme on le voit, elles ont presque toutes plusieurs sons : 1° le son français ou son bref ; 2° le son anglais ou son long ; 3° un autre son qui ne peut pas s'indiquer au moyen des lettres françaises et que l'usage seul peut apprendre.

1° *a*, *e*, *i*, ont le son français dans les monosyllabes terminés par une consonne : Mauvais, *bad* ; 2° *a*, *e*, *i*, ont le son anglais dans les dissyllabes terminés par un *e* muet : Ex. : Faire, *make (mèike)*.

Exception. — Mais dans les monosyllabes qui ne sont pas terminés par une consonne *e* et *i*, *y*, ont le son anglais.

Ex. : Etre, *be (bi)* ; pleurer, *cry (craî)*. — *A* final a généralement le son français . Maman, *mamma*.

I, *y* à la fin des mots, ont le son français : Très, *very*. *I* suivi de *gh* a le son anglais ; Haut, *high (hâî)*.

II. — *E*, *i*, *u* devant un *r*, se prononce comme *eu* en français : Elle, *her (heur)* ; monsieur, *sir (seur)* ; fourrure, *fur (feur)*.

III. — *O* suivi de *se*, *ve*, *mb* a le son de *ou* français.

IV. — Les diphthongues ont généralement le son long de la première voyelle qui les compose. Cependant dans *oi* les deux lettres se prononcent.

Oo a souvent le son de *ou* français : Livre, *Book*.

Ou suivi de *gh* se prononce comme *o*.

V. — *Tion*, *tious* à la fin des mots, se prononce *cheun*, *cheus*.

VI. — *Ch* a le son de *tch* en français ou de *k*.

Th a deux sons : dur et doux, *thick* épais ; *the*, *le*, *la*.

Mb se prononce comme *m*. | *Lk* se prononce comme *k*.

Ld se prononce comme *d*. | *Lm* se prononce comme *m*.

Kn (initiales), se prononcent comme *n*.

Wr (initiales), se prononcent comme *r*.

Gh final ne se prononce pas après *au*, *ou*. Ces lettres donnent quelquefois le son de *f* aux voyelles qui les précèdent ; rire, *laugh*.

Gm, *gn* final se prononce comme *m*, *n*.

§ IV. — ACCENTS.

Il n'y a qu'un accent en anglais, qui répond à l'accent tonique. L'accent ne s'écrit jamais, et ne change en aucune façon la prononciation ou le son des voyelles ; mais il sert uniquement à allonger la prononciation de la syllabe sur laquelle il est placé. Dans les dissyllabes, l'accent se trouve ordinairement sur la première, à moins que ce mot ne soit un mot composé. Dans les polysyllabes, il se trouve sur la première ou sur la troisième.

CHAPITRE PREMIER

DU NOM.

Il y a trois choses à considérer dans le nom : le genre, le nombre et le cas.

§ Ier. — DU GENRE.

N° I.

I. — Il y a trois genres en Anglais : le masculin, le féminin et le neutre.

II. — En règle générale tous les noms sont neutres en Anglais, excepté :

1° Les noms d'hommes et de femmes.

2°. Les noms d'animaux *quand on veut désigner le sexe :*

Voici le lion ; voila la lionne : this is the lion ; that the lioness.

3°. Les noms d'animaux et d'objets personnifiés :

Ex. : Le lion dit qu'il pardonnerait, *the lion said he would forgive.*

4°. Les noms *Ship,* vaisseau, qui est toujours féminin ; *Sun,* soleil, qui est ordinairement masculin, quand on parle de l'astre lui-même, ainsi que certains noms, comme *moon,* lune, souvent du féminin ; *child* petit enfant, qui est neutre, etc.

N° II.

On distingue le genre de trois manières :

1°. Par des noms différents : roi, *king ;* reine, *queen.*

2°. Par un mot placé devant le nom et indiquant le genre :

Un domestique, *a man servant ;* une domestique, *a maid servant.* — Un bouc, *a he-goat ;* une chèvre, *a she goat.*

3°. Par des terminaisons différentes. — Les trois principales terminaisons féminines sont :

ess — Empereur, *emperor*, impératrice, *empress*.
ine — *Hero, héroïne,* (même signification qu'en français).
trix — *Director, directrix,* directeur, directrice.

Remarque. — Les noms collectifs sont toujours neutres.

§ II. — DU NOMBRE.

Il y a deux nombres en Anglais : le singulier et le pluriel :

1°. En règle générale, pour former le pluriel, il suffit d'ajouter un *s* au singulier :

Ex. : Table, *table, tables ;* maison, *house, houses.*

I. II. — Les noms terminés par un *y* changent *y* en *i* et ajoutent *es* pour former le pluriel, si l'*y* est précédé d'une consonne. Ex. : Cité, *city,* cités, *cities.*

Ils suivent la règle générale si l'*y* est précédé d'une voyelle. Ex. : Jour, *day,* jours, *days.*

2°. Les noms terminés par une des lettres *s, ss, z, x, sh, ch* (doux), forment leur pluriel en ajoutant *es* au singulier.

Ex. : Verre, *glass, glasses ;* renard, *fox, foxes ;* église, *church, churches.*

3°. Les noms terminés en *o* précédé d'une consonne suivent la même règle.

Ex. : Pomme de terre, *potato, potatoes ;* nègre, *negro, negroes.*

Mais les noms terminés en *io* et les noms en *o* empruntés à l'Italien forment leur pluriel régulièrement (ces derniers peuvent former leur pluriel suivant la grammaire Italienne).

Ex. : *Oratorio, oratorios, soprano, soprani.*

III. — La plupart des noms terminés en : *lf, f,* ou *fe,* forment leur pluriel en changeant *f* ou *fe* en *ves* (*l* ne change pas) : Loup, *wolf, wolves ;* un pain, *loaf, loaves ;* vie, *life, lives.*

Mais les noms terminés par : *ief, oof, rf* et *ff,* forment leur pluriel régulièrement : toit. *roof, roofs.*

Sont exemptés : *Thief*, voleur, *thieves* ; *wharf*, embarcadère, *wharfs* et *wharves*; *staff*, état-major, *staffs ; staff*, bâton, perche, *staves*.

IV. — Sont irréguliers : les quatre noms saxons : *Ox*, bœuf, pluriel *oxen ; child*, enfant.... *children ; Man*, homme, *men ; woman*, femme, *women*.

Et les six noms :

Goose,	oie, plur.	*geese*.	*Mouse*,	souris, plur.	*mice*.
Foot,	pied, ...	*feet*.	*Louse*,	pou.........	*lice*.
Tooth,	dent, ...	*teeth*.	*Penny*,	deux sous.	*pence*. / *pennies*

Remarque. — *Penny* fait *pence* au pluriel quand on parle de la valeur de la pièce. Ex. : ce livre a coûté 3 *pence ;* il fait *pennies* quand on parle de la pièce prise comme substantif Ex. : 3 nouveaux *pennies*.

IV. — 1°. Les noms propres forment leur pluriel régulièrement : *The three Marys*, les trois Maries. *The Catos*. — *The Wolfs* (quand ils admettent un pluriel).

2°. Les noms propres de peuples suivent aussi la règle générale, à moins qu'ils ne soient terminés par *ch* (doux), *sh* ou *ese*. Ils sont alors *adjectifs et invariables*. Ainsi on dira : *The Germans*, les Allemands ; *The Spaniards*, les Espagnols. — Mais : *The French*, les Français ; *The English*, les Anglais ; *The Chinese*, (1) les Chinois. Ainsi que : *The swiss*, les Suisses ; ce nom est cependant substantif.

Ces derniers noms sont au pluriel et n'ont pas de singulier.

Remarque. — Sont invariables certains noms pluriels dont le singulier n'existe pas, ou est inusité, ou n'exprime pas le même sens : mouton, *Sheep* ; cerf, *deer* ; aumônes, *alms ;* moyens, *means* ; pourceaux, *swine*. Ces noms peuvent être employés indifféremment au singulier ou au pluriel. — Certains noms qui ont deux acceptions peuvent prendre différentes formes au pluriel. Ex : Un génie fait, *genius*, *geniuses ;* mais un génie (être surnaturel) fait *genius*, *genii* au pluriel. Frère fait, *brother, brothers*, quand il indique les membres d'une même famille autrement il fait *brethren*.

(1) On peut cependant dire a chinese.

§ II. — DU CAS.

I. — Il y a trois cas en Anglais : Le *nominatif*, l'*objectif* et le *possessif*.

Le *Nominatif* correspond au nominatif latin, au sujet français.

L'*Objectif* correspond à l'accusatif latin, au complément français.

Le *Possessif* correspond au genitif et à l'ablatif latin, au complément du nom français.

Ex. : J'ai lu le livre de Pierre : *I* (sujet) *have read the book* (objectif) *of Peter* (possessif).

II. — Dans les noms le nominatif et l'objectif sont semblables.

III. — Le possessif a deux formes, suivant qu'il exprime simplement un rapport de dépendance, ou un rapport de possession proprement dit.

Ex. : 1°. Le jardinier du château c.-à-d. qui travaille au château.

2°. Le livre de Paul c.-à-d. qui appartient à Paul.

I. — La forme première du possessif est celle qui exprime un simple rapport de dépendance ; cette forme du possessif (improprement dit), est la même qu'en français.

Ex. : Le jardinier du château, *the gardener of the castle.*

II. — La seconde forme du possessif exprime le rapport de possession ; c'est cette forme que l'on entend par le *possessif proprement dit.*

Pour construire cette forme :

a) On place d'abord le nom du possessif avec une apostrophe et un *s*, puis le nom de l'objet possédé *sans article :* Ex. : le livre de Paul, 1re forme : *The book of Paul,* 2e forme : *Paul's book.*

Si le nom du possesseur est un nom pluriel (1) terminé par un *s* on ajoute seulement l'apostrophe sans autre *s* : Ex. : Les livres de vos deux frères, *Both your brothers' books.* (mieux) : *The books of both your brothers.*

(1) Cette construction est rare.

Mais si le nom possesseur terminé par un *s* est au singulier, il suit la règle générale, à moins qu'il n'y ait trop de sifflantes dans la phrase : Ex. : Le ballon de Jacques : *James's foot ball.* Le caractère sociable de François, *Francis' social disposition.*

b) Cette forme seconde du possessif ne peut s'employer que :

1°. Lorsqu'il y a vraiment *possession.*

2°. Lorsque le nom possesseur n'est pas un nom collectif ou un nom abstrait ou un nom adjectif pris substantivement. Ainsi on ne doit pas dire : *The Romans' army,* l'armée des Romains, pour *the army of the Romans.*

3°. Dans quelques exceptions à ces règles admises par l'usage. Ex. : Une heure de chemin, *an hour's walk.*

4°. En poésie.

CHAPITRE II.

DE L'ARTICLE.

Il y a deux articles en anglais : l'article *Indéfini* et l'article *défini.*

§ Ier.

I. — L'article indéfini est : *a* et *an.* Il ne peut se mettre que devant des noms singuliers ; il restreint l'acception du nom à une seule personne ou un seul objet sans pourtant déterminer la personne ou l'objet. Ex. : Un homme, *a man ;* une table, *a table.*

II. — L'article indéfini est invariable quant au genre et au cas.

III. — En anglais, comme en français, l'article se place avant le nom, ou avant l'adjectif, s'il y en a un avec le nom.

Ex. : Un homme, *a man ;* un brave homme, *a good man.*

Cependant 1°. Si l'adjectif est précédé d'un des adverbes : aussi, *as ;* si, *so ;* trop, *too,* l'article se met après l'adjectif.

Ex. : Un si brave homme, *so good a man.*

2°. Si un nom (ou un adjectif et un nom) est précédé d'un des adjectifs indéterminés : *Many, such, what* (exclamation), l'article se met encore après cet adjectif.

Ex. : Bien des fois, *many a time ;* quel menteur ! *what a liar !*

IV. — 1°. *A* s'emploie devant les consonnes et devant les voyelles ou diphthongues qui ont le son de *iou* ou de *ou* en français, devant *y* et devant *w* ayant le son de *ou* français.

Ex. : Un homme, *a man ;* une unité, *a unit ;* un européen, *a european ;* une année, *a year.*

2°. *An* s'emploie devant les voyelles (excepté celles qui ont le son de *iou,* etc.) et devant les quelques noms dans lesquels l'*h* initial n'est pas aspiré. Ex. : Un aigle, *an eagle ;* une heure, *an hour.*

V. — L'attribut qui indique la religion, la profession, l'état, etc. du sujet du verbe, doit être précédé de l'article indéfini.

Ex. : Je suis catholique, *I am a catholic.*

L'article défini remplace l'article indéfini quand on parle d'une personne connue à laquelle on fait allusion.

Ex. : C'est le catholique qui, etc., *he is the catholic who, etc.*

§ II.

I. — L'article défini est *the.* Il est invariable quant au genre, au nombre et au cas.

L'article défini en anglais ne peut se mettre que devant des noms déterminés par un complément exprimé ou sous-entendu. Mais tout nom déterminé soit par un complément, soit seulement dans la pensée de celui qui parle, doit être précédé de l'article défini.

Ex. : Le livre que vous lisez, *the book you are reading ;* les jours se raccourcissent, *the days are getting short.*

II. — Ainsi ne prennent pas l'article défini 1°. Les noms de choses abstraites. Ex. : La vie et la mort, *life and death.*

2°. Les noms pris dans leur acception la plus large.

Ex. : Les montagnes sont des élévations de terrain, *mountains are projections of the soil,* etc.

3°. Les noms de matières dont le pluriel n'offre pas des objets pouvant se compter. Ex. : L'eau est nécessaire, *water is necessary.*

III. — 1°. Tout nom suivi d'un complément est précédé de l'article défini.

Ex. : La vie d'O'Connell, *the life of O'Connell.*

2°. Tout nom désigné ou déterminé, soit par un adjectif déterminatif, soit par le sens de la phrase, prend l'article.

Ex. : L'homme répondit, *the man replied.*

3°. Les noms seuls de leur espèce prennent l'article défini.

Ex. : Le soleil et la lune, *the sun and the moon.*

NOTE. — *De, du, de la, des,* se traduisent en anglais par l'adjectif indéfini : *some* ou *a few,* mais si le nom est précédé d'un adjectif, comme *beaucoup .., plus..., moins,* ou de *pas....,* *de, du, de la,* etc., ne se traduisent pas.

CHAPITRE III.

DE L'ADJECTIF.

RÈGLE GÉNÉRALE.

I. — L'adjectif en anglais se place ordinairement avant le nom qu'il qualifie ou détermine.

Ex. : La table ronde, *the round table.*

II. — 1°. Tout adjectif anglais est invariable.

Ex. : Les tables rondes, *the round tables.*

2°. Tout adjectif, pris substantivement, demeure invariable ; il désigne nécessairement toute la classe des objets qu'il détermine ou qu'il qualifie, et ne peut pas être employé au singulier.

Ex. : Les aveugles, *the blind ;* l'aveugle, *the blind man.*

3°. Tout nom employé comme adjectif (ce qui arrive souvent en anglais), c'est-à-dire placé devant un autre nom qu'il qualifie ou détermine, est invariable.

Ex. : Les livres de prière, *the prayer books* (les prières livres).

4°. On distingue en anglais cinq sortes d'adjectifs ; les adjectifs qualificatifs, déterminatifs, démonstratifs, indéfinis et possessifs. Nous parlerons de ces derniers au chapitre du pronom.

§ Ier. — ADJECTIF QUALIFICATIF.

DU COMPARATIF ET DU SUPERLATIF DE SUPÉRIORITÉ.

N° I.

Règle. — 1°. Les adjectifs monosyllabiques forment leur comparatif en ajoutant *er* au positif, et leur superlatif en ajoutant *est* au positif.

Ex. : Lent, *slow ;* plus lent, *slower ;* le plus lent, *the slowest.*

2°. Les adjectifs qui ont plus de deux syllabes, forment leur comparatif en plaçant *more* devant le positif, et leur superlatif en y plaçant *the most.*

Ex. : Agréable, *agreeable ;* plus agréable, *more agreeable ;* le plus agréable, *the most agreeable.*

3°. Les adjectifs de deux syllabes suivent la première règle, s'ils sont terminés par une voyelle ; la seconde, s'ils sont terminés par une consonne.

Ex. : Spirituel, *witty ;* plus spirituel, *wittier ;* le plus spirituel, *wittiest.*

Ex. : Agréable, *pleasant ;* plus agréable, *more pleasant ;* le plus agréable, *the most pleasant.*

Remarques. — 1°. Les adjectifs qui suivent la première règle et qui sont terminés par un *y* changent cette lettre en *i* devant l'*er* du comparatif et l'*est* du superlatif, si l'*y* est précédé d'une consonne.

Ex. : Spirituel, *witty*, *wittier*, *wittiest*.

Mais si l'*y* est précédé d'une voyelle, cette lettre ne change pas.

Ex. : Gai, *gay, gayer, gayest*.

2°. Les adjectifs qui suivent la première règle et qui sont terminés par un *e* muet ne prennent que *r* au comparatif et *st* au superlatif (l'*e* muet de la fin remplace la première lettre de la désinence).

Ex. : Brave, *brave, braver, bravest*.

3° Les adjectifs d'une seule syllabe, terminés par une consonne, redoublent la consonne finale devant l'*er* du comparatif et l'*est* du superlatif, si la voyelle qui précède la consonne finale a le son bref (ou français).

Ex. : Gras, *fat ;* plus gras, *fatter ;* le plus gras, *fattest*.

Exceptions. — Les adjectifs de deux syllabes terminés en *ow* et ceux de trois syllabes terminés en *ite*, *ine*, peuvent suivre la première règle ; néanmoins, il vaut mieux leur faire suivre la seconde.

Ex. : Peu profond, *shallow, shallower, shallowest ;* poli, *polite, politer, politest* (mieux, *more polite,* etc.)

N° II.

DU COMPARATIF ET DU SUPERLATIF D'INFÉRIORITÉ.

I. — Le comparatif s'exprime par *less* (moins) placé devant le positif.

Ex. : Moins grand, *less tall ;* moins agréable, *les agreeable*.

II. — Le superlatif d'infériorité s'exprime par *the least* (le moins) placé devant le positif.

Ex. : Le moins grand, *the least tall ;* le moins agréable, *the least agreeable*.

Remarque. — Certains adjectifs sont irréguliers dans la formation de leur comparatif et de leur superlatif, ce sont surtout :

Positif.	Comparatif.	Superlatif.
Good, bon.	*Better.*	*Best.*
Bad (ou) *evil*, mauvais.	*Worse.*	*Worst.*
Old, vieux.	*Older.* *Elder* (quant on parle de frères)	*Oldest.* *Eldest.*
Late, récent.	*Later.* *Latter.*	*Latest.* *Last.*
Little, petit.	*Less.* *Lesser.*	*Least.*
Much, beaucoup,	*more.*	*The most.*
Many, nombreux,	*more.*	*The most.*

Remarque. — 1°. *Much* ne peut être employé qu'avec les noms de choses qu'on ne peut pas compter.

Many ne s'emploie que devant les objets qui peuvent se compter.

2°. La conjonction *que* qui suit le comparatif de supériorité ou d'infériorité se traduit par *than.*

Ex. : Plus grand que Pierre, *taller than Peter.*

3°. Le pronom relatif que, qui suit quelquefois le superlatif, doit être en anglais *That.* Ce pronom se sous-entend souvent.

Ex. : La plus belle fleur que j'ai, *the nicest flower that I have* ou : *The nicest flower I have* (*that* sous-entendu).

N° III.

DU COMPARATIF D'ÉGALITÉ.

I. — Le comparatif d'égalité s'exprime par *as* (aussi), quand la phrase est *affirmative* ou *interrogative* et par *not so* (pas aussi), si la phrase est négative.

II. — La conjonction *que* qui suit ce comparatif, se rend toujours par *as.*

Ex. : Pierre est aussi grand que Paul, *Peter is as tall as Paul.*

Pierre est-il aussi grand que Paul, *Is Peter as tall as Paul.*

Pierre n'est pas aussi grand que Paul, *Peter is not so tall as Paul.*

III. — S'il y avait une négation dans une phrase interrogative *aussi* se traduirait par *as.*

Ex. : Pierre n'est-il pas aussi grand que Paul, *Is not Peter as tall as Paul.*

Remarque. — Il est important de ne pas confondre la conjonction *que*, qui suit le comparatif, avec le *que*, qui se place après *si*, tellement. Dans ce dernier cas il n'y a pas de comparaison et la conjonction *que* se traduit par *that.*

Ex. : Il était si paresseux que.... *He was so lazy that...*

En résumé :

que conjonction après le comparatif de supériorité ou d'infériorité .... *than.*
que conjonction après le comparatif d'égalité ... *as.*
que conjonction après... *si*..... *tellement*, etc.... *that.*

N° IV.

DU SUPERLATIF ABSOLU.

Le superlatif absolu qui s'exprime en français par, *très, beaucoup, fort,* placé devant l'adjectif, se traduit en anglais par :

1°. *Very* ou *most* (rare) devant les adjectifs (au positif), les participes présents et la plupart des adverbes.

Ex : Très grand, *very large ;* très aimant, *very loving ;* très mal, *very badly.*

2°. Par *much* ou *very much* devant les adjectifs et les adverbes au comparatif, les participes passés et les six adverbes :

En haut, *above ;* après, *after ;* avant, *before ;* derrière, *behind ;* en bas, *below ;* dessous, *beneath.*

Ex : Bien plus grand, *much greater ;* très aimé, *much loved ;* bien avant, *much before.*

§ II. — ADJECTIFS DÉTERMINATIFS.

N° I.

ADJECTIFS NUMÉRAUX CARDINAUX.

1°. Les adjectifs numéraux cardinaux sont :

Nought 0, *one* 1, *two* 2, *three* 3, *four* 4, *five* 5, *six* 6, *seven* 7, *eight* 8, *nine* 9, *ten* 10, *eleven* 11, *twelve* 12, *thirteen* 13, *fourteen* 14, *fifteen* 15, *sixteen* 16, *seventeen* 17, *eighteen* 18, *nineteen* 19, *twenty* 20, *twenty-one* 21, etc...., *thirty* 30, *fourty* 40, *fifty* 50, *sixty* 60, *seventy* 70, *eighty* 80, *ninety* 90, *one hundred* 100, *one thousand* 1000, *a million* un million.

2°. Pour former les nombres de 10 à 20 il suffit d'ajouter aux unités la terminaison *teen;* les trois premiers nombres et 15 sont irréguliers par contraction. La terminaison : *ty* indique un nombre de dizaine.

Ex. : *Six*, 6 ; *sixteen*, 16 ; *sixty*, 60.

3°. Quand un nombre composé comprend plus que des nombres d'unités et de dizaines, on doit mettre la conjonction *and* (et) entre les centaines et les dizaines.

Ex. : 1558, *one thousand five hundred and fifty eight.*

Quand un de ces nombres n'est pas exprimé, la conjonction doit se mettre à la place qu'elle a quand ces deux nombres sont exprimés.

Ex. : 508, *five hundred and eight.*
1023, *one thousand and twenty three.*
1003, *one thousand and three.*

N° II.

ADJECTIFS NUMÉRAUX ORDINAUX.

1°. Ces nombres se forment des adjectifs cardinaux en ajoutant la terminaison *th.* Les trois premiers, 5 et 12, sont irréguliers.

Ex. : *four, fourth.*

Les nombres irréguliers sont : *One, first ; two, second ; three, third ; five, fifth ; twelve, twelfth.*

2°. Les nombres cardinaux terminés en *ty*, changent l'*y* en *ie* devant le *th* du nombre ordinal correspondant.

Ex. : 20, *twenty*; 20e, *twentieth*.

3°. Dans les nombres ordinaux composés, le dernier nombre seul est ordinal (comme en français) et la conjonction *and* est à la même place que dans les nombres cardinaux.

Ex. : Le 224e, *the two hundred and twenty fourth.*

§ III. — ADJECTIFS DÉMONSTRATIFS.

1°. Les adjectifs démonstratifs, par exception, s'accordent en nombre avec le nom qu'ils déterminent.

Ex. : Cet homme, *this man*; ces hommes, *these men*.

2°. Ces adjectifs sont :

Des trois genres.	*This*, celui-ci, celle-ci, ceci	*These*, ceux-ci, celles-ci.
	That, celui-là, celle-là, cela	*Those*, celles-là, ceux-là.

3°. *This, these,* indiquent les personnes ou les objets présents, soit par le lieu, soit par le temps, soit même par la pensée.

That, those, opposés à *this these,* indiquent les personnes ou les objets éloignés. Mais l'usage veut que l'on se serve de *that,* etc., à moins qu'on ne veuille exprimer que l'objet est *présent* à la personne qui parle. Ex. : Cette fleur est plus belle que celle-là, *this flower is finer than that*; voyez cet homme, *look at that man*.

4°. Ces adjectifs ou pronoms, désignant une personne, ne peuvent jamais être employés seuls comme sujets d'une proposition, mais ils peuvent l'être quelquefois comme régimes ou compléments.

Ex. : Celui-ci me dit, *this man said to me*; (et non, *this said to me*). Mais on peut dire : Je l'ai donné à ceux-ci, *I gave it to these*.

5°. *Celui qui, ceux qui, celle qui* ou *que* etc., quand on parle d'une personne, se traduisent par le pronom personnel suivi du pronom relatif. Ex. : Celui qui règne dans les cieux, *He who reigns in heaven*; celui que vous aimez, *he whom you love*.

Cependant, à la troisième personne du pluriel, on peut aussi employer *those who* pour traduire *ceux qui*. On l'emploie même de préférence a *them* lorsque : *ceux qui* est complément et doit se mettre en anglais *à l'objectif*.

6°. *Celui qui*.. *que* etc., quand on parle d'un objet (d'un nom neutre en anglais) se traduit littéralement : Celui (un livre connu, par exemple) que vous voyez, *that which you see*.

Ce que ne désignant pas un objet présent ou déterminé se traduit par *what*. Ex. : Ce que vous aimez, ce que vous dites : *what you like, what you say*.

§ IV. — ADJECTIFS INDÉFINIS.

Ces adjectifs ou pronoms sont :

NUMERAUX.	*All*	tous.
	Any	aucun, quelconque.
	Both	les deux.
	Certain	certain.
	Each	chaque.
	Enough	assez.
	Every	chacun (et tous).
	Few	peu.
	Many	nombreux.
	Several	plusieurs.
	Some	quelques.
	Sundry	divers.

de quantité.	*Any*	quelque.
	Little	petit.
	Much	beaucoup.
	Some	quelque.
	Whole	entier.
partitifs.	*Either*	ou.
	Else	autre.
	Other	autre.
de comparaison	*Same*	même
	Such	tel.
négatifs.	*Neither*	ni, ni l'un ni l'autre.
	No, none,	aucun.

Remarque. — *Any* ne s'emploie guère que dans les phrases interrogatives et négatives ; avec le sens affirmatif *any* signifie : n'importe qui. Ex. : N'importe qui peut faire cela, *any man can do that*. *Else* n'est pas employé seul et se place après *some one, somebody*. *Each* a le sens partitif. *Every*, a le sens collectif. *All* précède toujours l'article défini. Ex. : Tous les livres, *all the books*. — *Both* est employé quand l'action est faite conjointement par deux sujets ; *both* présente toujours une idée d'union. — *Some* traduit l'article français *du, de la* devant les noms de choses dont le pluriel ne représente pas des objets pouvant se compter. Ex. : Du vin, *some wine*. Quelquefois *some* a le même sens que *a few*, quelques.

CHAPITRE IV.

DU PRONOM.

§ Ier. — RÈGLES GÉNÉRALES.

N° I.

PRONOMS PERSONNELS ET POSSESSIFS.

1°. Les pronoms, comme les noms, ont trois cas : Le *nominatif*, l'*objectif* et le *possessif*.

Le possessif a également deux formes : la première exprime un rapport de dépendance, et se forme en plaçant la préposition *of* (de) devant l'objectif.

Ex. : Je le tiens de lui, *I hold it of him*.

La seconde forme exprime la possession et est une forme propre.

2°. Le pronom personnel au cas possessif exprime nécessairement la possession et devient adjectif possessif ou pronom possessif suivant qu'il est, ou non, accompagné d'un nom.

Nominatif : Je, *I*. Objectif : Moi, me, *me*. Possessif : De moi, *of me ;* mon, *my ;* mien, *mine*.

3°. Ces pronoms sont invariables quant au genre, excepté la troisième personne du singulier qui a les trois genres.

(Voir le tableau, page 16).

4°. L'adjectif et le pronom possessifs s'accordent toujours en nombre et en genre avec le *sujet possesseur ;* jamais avec l'objet possédé.

Ex. : Mon livre, mes livres, *my book, my books ;* son mari, *her husband ;* sa mère (d'un homme), *his mother*.

5°. Le pronom possessif s'emploie toujours sans article.

Ex. : Voici le mien, voilà le vôtre, *this is mine, that is yours*.

		PRONOMS PERSONNELS.				ADJECTIFS POSSESSIFS.	PRONOMS POSSESSIFS.
		NOMINATIF.	OBJECTIF.	POSSESSIF. 1re forme.		POSSESSIF. 2e forme.	
SINGULIER.	1re Pers.	I..... *je*	me.. *moi, me*	of me.. *de moi*		my.. mon, ma, mes	mine. mien, mienne
	2e Pers.	Thou. *tu*	thee. *toi, te*	of thee. *de toi*		thy.. ton, ta, tes	thine. tien, tienne
	3e Masc.	He... *il*	him. *lui*	of him. *de lui*		his.. son, sa, ses	his .. sien
	3e Fém.	She.. *elle*	her.	of her.. *d'elle*		her. sa,	hers.. sien, sienne
	3e Neut.	It....	it...	of it...		its.	(*)
PLURIEL.	1re Pers.	We.. *nous*	us... *nous*	of us... de nous		our... notre, nos	ours... notre, etc.
	2e Pers.	You, ye. vous	you.. *vous*	of you.. de vous		your.. votre, vos	yours.. votre, etc.
	3e Pers.	They. ils, elles	them. *eux*	of them. d'eux		their. leur, etc.	theirs. leur, etc.

6°. La seconde personne du singulier n'est presque jamais employée, si ce n'est en poésie, etc.

7°. L'adjectif numéral *one* employé comme pronom, ne peut se mettre que pour traduire le sujet indéterminé français *on* (voir syntaxe 2e. On suj.).

§ II. — PRONOMS RELATIFS.

1°. Les pronoms relatifs sont invariables quant au nombre ; ils ont les trois cas, et le masculin et le féminin semblables.

2°. Ces pronoms sont :

	NOMINATIF.	OBJECTIF.	POSSESSIF.	
			1re forme.	2e forme.
Masc. et Fém.	who... *qui*	whom. que	of whom	whose
Neutre.	which. *qui*	which. que	of which	(whose) rare
3 genre.	that... *qui*	(manque)	(manque)	
Neutre.	what. } ce que / quoi	(manque)	(manque)	

3°. *Whose* est un véritable possessif ; ce pronom tient la place du nom possesseur (voir chap. I. § III), l'antécédent doit précéder ce pronom, et le nom de l'objet possédé se met *sans article*.

Ex. : L'homme dont j'ai lu le livre, *the man whose book I have read.*

4°. *Of whom, of which* doivent être précédés du substantif dont ils sont le complément.

Ex. : L'homme dont j'ai le livre, *the man the book of whom I have.*

Le chien dont la patte est cassée, *the dog the paw of which is broken.*

5°. *That* ne peut jamais être complément d'une préposition. Ce pronom s'emploie après les superlatifs.

Ex. : L'homme le plus savant que j'ai vu, *the most learned man that I have seen.*

Mais dans cette phrase : l'homme le plus savant à qui j'ai parlé, il faut : *The most learned man to whom I have spoken,* parce qu'ici le pronom est complément de la préposition *to* (à).

6°. *What* pronom relatif ne peut être employé que pour traduire *ce que*, et ne peut jamais être précédé d'un adjectif.

Ex. : Ce que vous dites, *what you say ;* tout ce que vous dites, *all that you say.*

§ III. — PRONOMS INTERROGATIFS.

1°. Les pronoms interrogatifs sont :

	NOMINATIF.	OBJECTIF,	POSSESSIF.	
			1re forme.	2e forme.
Masc. et Fém.	who ?. *qui*	whom ?	of whom ?	whose ?
3 genres.	which ?. quel	which ?	of which ?	(whose) ?
	what ? quoi qui	what ?	of what ?	(manque).

2°. *Who ?* pose la question : *qui, quelle personne ?*

Which ? pose la question : *laquelle des personnes, quel ?*

What ? pose la question : *quoi, qu'est cette personne, cet objet ?*

Ex. : Qui est là ? *Who is there ?* C'est Jean. *It is John.* Qu'est-ce que Jean ? *What is John ?* Un des jardiniers. *One of the gardeners.* Lequel ? *Which of them ?*

Mais s'il s'agit d'un nom neutre, on se sert de *what.*

Ex. : Qu'est-ce que cela ? *What is that ?*

§ IV. — PRONOMS RÉFLÉCHIS.

I. — Ces pronoms se forment en ajoutant *self* pour le singulier et *selves* pour le pluriel :

1°. Aux adjectifs possessifs, pour la première et seconde personne ;

2°. A l'objectif du pronom personnel, pour la troisième personne.

II. — Ces adjectifs sont invariables.

Singulier.	*Myself*; *Ourself*, m-même, n.-m.	Pluriel	*Ourselves*, nous-mêmes.
	Thyself; *Yourself*, t.-même, v.-m.		*Yourselves*, vous-mêmes.
	Himself; *Herself*; *itself*, lui etc.		*Themselves*, eux-mêmes.

(*Oneself*), indéfini.

III. — Employés comme sujet d'un verbe, ils insistent sur la personne et sont quelquefois renvoyés après ce verbe.

Ex. : Vous avez fait cela vous-même, *You did that yourself*, pour *you yourself dit that.*

IV. — Si un pronom réfléchi *complément d'un verbe*, est à la même personne que le sujet, il donne au verbe un sens réfléchi.

Ex. : Vous vous coupez, *you cut yourself.*

Remarque. — Il n'y a pas d'autre moyen de traduire en anglais les verbes réfléchis français.

CHAPITRE CINQUIÈME

DU VERBE.

§ Ier. — DES VERBES ET DES FORMES.

N° I.

DES VOIX, DES FORMES, ETC.

1°. Les verbes transitifs anglais ont deux voix : la voix active et la voix passive.

2°. Les verbes anglais n'ont qu'une seule conjugaison, dont tous les temps des modes personnels se forment à l'aide de verbes auxiliaires ; *(sont exceptés le présent et le passé de l'indicatif et du subjonctif)*.

3°. Cette conjugaison a trois formes à l'actif et deux au passif; on peut dire par exemple : *I call,* j'appelle, ou *I am calling,* je suis appelant, ou *I do call,* j'appelle.

N° II.

DES FORMES A LA VOIX ACTIVE.

Les formes à la voix active sont la *forme simple,* la *forme progressive* et la *forme emphatique.*

1°. La première forme est la *forme simple,* ainsi nommée parce que son emploi est le plus simple et n'est pas soumis à des règles particulières.

2°. La *forme progressive* se construit en plaçant le participe présent du verbe à conjuguer après le verbe *to be* (être). On l'appelle aussi forme logique.

Cette forme doit être employée :

(*a*) Quand l'*action*, exprimée par le verbe, se passe au moment où l'on parle.

Ex. : Je parle, *I am speaking.*

(*b*) Quand l'action exprimée par le verbe, se passe en même temps qu'une autre action, dont elle indique le temps.

Ex. : Il lisait quand je suis arrivé, *he was reading when I arrived.*

(*c*) Quand l'action se passe à un temps fixe et déterminé, et qu'elle est supposée occuper tout le temps.

Ex. : A trois heures je lisais, *I was reading at 3 o'clock.*

Remarque, — Si le verbe n'exprime pas une *action déterminée,* mais une *habitude, un état,* dans les trois cas ci-dessus, il doit se mettre à la forme simple.

Ex. : Je déjeune à 8 heures, *I breakfast at 8 o'clock.*

En vertu de cette règle, les verbes *To have* et *To be* ne ne peuvent pas prendre la forme progressive à l'actif.

3°. La *forme emphatique* se construit en plaçant l'auxiliaire *Do*, (passé *did*), devant l'infinitif présent du verbe principal. Cette forme n'a que deux temps à l'indicatif et au subjonctif, (présent et passé), et l'impératif, et peut être considérée comme une forme composée du présent et du passé, c'est-à-dire des deux temps qui n'ont pas de verbes auxiliaires.

Cette forme est employée :

(*a*) Pour affirmer avec force.

Ex. : Oui ! Je souffre, *I do suffer*.

(*b*) Pour interroger.

Ex. : Est-ce que j'étudie ? *Do I study ?*

(*c*) Pour nier.

Ex. : Je ne souffre pas, *I do not suffer*.

Remarque. — Les verbes *To be* et *to have* n'ont pas de forme emphatique. Les exemples que l'on trouve du verbe *have*, à cette forme, ne doivent pas être imités, et dans ces cas, le verbe *have* a le sens de *take* (prendre). Cependant à l'impératif (2e personne), cette forme peut être employée quand ces verbes sont accompagnés de la négation *not*. Ex. : Ne soyez pas inquiet, *do not be anxious*.

N° III.

DES FORMES A LA VOIX PASSIVE.

1°. La voix passive n'a que deux formes : la forme simple et la forme progressive.

2°. La forme simple, comme le verbe passif français, est composée du participe passé du verbe principal, précédé de l'auxiliaire *to be* (être).

Ex. : Je suis appelé, *I am called*.

3°. La forme progressive passive est composée du verbe *to be*, (être), *à la forme progressive*, suivi du participe passé du verbe principal.

Ex. : J'étais appelé, *I was being called*.

Cette forme est défective, et n'a guère que le passé de l'indicatif et du subjonctif, (présent rare). On ne s'en sert que pour exprimer que l'action s'est accomplie en même temps qu'une autre, dont elle indique le temps.

Ex. : J'étais appelé quand..., *I was being called when...*

§ II. — DES MODES ET DES TEMPS.

N° I.

1°. Il y a six modes en anglais : l'*Indicatif,* l'*Impératif,* le *Potentiel,* le *Subjonctif,* l'*Infinitif* et le *Participe.*

2°. — L'*impératif* n'a que la seconde personne. Pour traduire l'impératif français à la première et troisième personne, il faut se servir du verbe *Let.*

3°. Le *potentiel* indique la *possibilité,* le *pouvoir,* la *force,* la *nécessité,* l'*obligation* de faire l'action exprimée par le verbe.

Ex. : Nous pouvons soulever cette pierre, *we can lift this stone.*

Ce mode est aussi employé pour traduire le conditionnel français.

4°. Le subjonctif est peu usité.

Les autres modes ont le même usage qu'en français.

N° II.

DES TEMPS.

1°. Il y a six temps en anglais : Le *présent,* le *passé,* le *parfait,* le *plus-que-parfait,* le *futur* et le *futur antérieur.*

2°. Le *présent* indique l'action ou l'état, exprimé par le verbe, au moment où l'on parle. J'appelle, *I call.*

Le *passé* indique un état, ou une action dans un temps écoulé. Si ce moment passé est déterminé, on appelle ce temps le *passé parfait ;* s'il est passé par rapport à une action déjà passée, on l'appelle plus-que-parfait ; s'il n'est pas déterminé, on l'appelle simplement passé. Ainsi, le passé remplace à la fois *l'imparfait* et le *passé défini* français.

3°. Le futur indique que l'action, ou l'état, exprimé par le verbe, se fera ou sera dans l'avenir. Si ce moment est antérieur à un autre, qui n'est pas encore arrivé, on l'appelle futur antérieur.

4°. Les temps se divisent en temps simples et temps composés, en temps principaux et temps secondaires.

5°. Les temps simples sont ceux qui se conjugent sans le secours des verbes auxiliaires. Les temps composés sont ceux qui prennent un ou plusieurs verbes auxiliaires devant le verbe principal.

6°. Les temps principaux sont ceux qui servent à former les autres. Ils sont nécessairement simples; ce sont :

7°. Le présent de l'infinitif.
Le passé de l'indicatif.
Le participe passé (simple).

Quelques grammairiens comptent aussi le participe présent.

§ III. — CONJUGAISON.

N° 1.

LES VERBES SUBSTANTIFS TO BE, TO HAVE.

To Have, avoir.

INDICATIF.

Présent.

I have, *j'ai.*
Thou hast, *tu as.*
He, she *ou* it has, *il, elle ou il (neut.) a.*
We have, *nous avons.*
You have, *vous avez.*
They have, *ils ont*

Passé.

I had, *j'avais.*
Thou hadst, *tu avais.*
He had, *il avait.*
We had, *nous avions.*
You had, *vous aviez.*
They had, *ils avaient*

To Be, être.

INDICATIF.

Présent.

I am, *je suis.*
Thou art, *tu es.*
He, she, it is, *il ou elle est.*
We are, *nous sommes.*
You are, *vous êtes.*
They are, *ils sont.*

Passé.

I was, *j'étais.*
Thou wast, *tu étais.*
He was, *il était.*
We were, *nous étions.*
You were, *vous étiez.*
They were, *ils étaient.*

Parfait.
I have had, *j'ai eu.*
Thou hast had.
He has had.
We have had.
You have had.
They have had.

Plus-que-parfait.
I had had, *j'avais eu.*
Thou hadst had.
He had had.
We had had.
You had had.
They had had.

Futur.
I shall *ou* will have, j'aurai
Thou wilt *ou* shalt have.
He will *ou* shall have.
We shall *ou* will have.
You will *ou* shall have.
They will *ou* shall have.

Futur antérieur.
I shall *ou* will have had, *j'aurai eu.*
Thou wilt *ou* shalt have had.
He will *ou* shall have had.
We shall *ou* will have had.
You will *ou* shall have had.
They will *ou* shall have had.

Impératif.
Have (thou) do thou have, *aie.*
Have (you) *ou* ye, *ayez.*

POTENTIEL.

Présent.
I may, can *ou* must have, je puis avoir, ou il faut que j'aie.
Thou mayest, canst *ou* must have.
He may, can *ou* must have,

Parfait.
I have been, *j'ai été.*
Thou hast been.
He has been.
We have been.
You have been.
They have been.

Plus-que-parfait.
I had been, *j'avais été.*
Thou hadst been.
He had been.
We had been.
You had been.
They had been.

Futur.
I shall *ou* will be, je serai
Thou wilt *ou* shalt be.
He will *ou* shall be.
We shall *ou* will be.
You will *ou* shall be.
They will *ou* shall be.

Futur antérieur.
I shall *ou* will have been, *j'aurai été.*
Thou wilt *ou* shalt have been.
He will *ou* shall have been.
We shall *ou* will have been.
You will *ou* shall have been.
They will *ou* shall have been.

Impératif.
Be (thou) do thou be, *sois.*
Be (you) *ou* ye, *soyez.*

POTENTIEL.

Présent.
I may, can *ou* must be, je puis être, ou il faut que je sois.
Thou mayest, canst *ou* must be.
He may, can *ou* must be.

We may, can *ou* must have, *nous pouvons avoir, ou il faut que nous ayons.*
You may, can *ou* must have.
They may, can *ou* must have.

Passé.

I might, could, would *ou* should have, *je pouvais, je pourrais, je voudrais, je devrais avoir.*
Thou mightest, couldst, wouldst *ou* shouldst have.
He might, could, would *ou* should have.
We might, could, would *ou* should have, *nous pouvions, nous pourrions, nous voudrions, nous devrions avoir.*
You might, could, would *ou* should have.
They might, could, would *ou* should have.

Parfait.

I may, can *ou* must have had, *je puis avoir, ou il faut j'aie eu.*
Thou mayest, canst *ou* must have had.
He may, can *ou* must have had.
We may, can *ou* must have had, *nous pouvons avoir, ou il faut que nous ayons eu.*
You may, can *ou* must have had.
They may, can *ou* must have had.

We may, can *ou* must be, *nous pouvons être, ou il faut que nous soyons.*
You may, can *ou* must be.
They may, can *ou* must be.

Passé.

I might, could, would *ou* should be, *je pouvais, je pourrais, je voudrais, je devrais être.*
Thou mightest, couldst, wouldst *ou* shouldst be.
He might, could, would *ou* should be.
We might, could, would *ou* should be, *nous pouvions, nous pourrions, nous voudrions, nous devrions être.*
You might, could, would *ou* should be.
They might, could, would *ou* should be.

Parfait.

I may, can *ou* must have been, *je puis avoir, ou il faut que j'aie été.*
Thou mayest, canst *ou* must have been.
He may, can *ou* must have been.
We may, can *ou* must have been, *nous pouvons avoir, ou il faut que nous ayons été.*
You may, can *ou* must have been.
They may, can *ou* must have been.

Plus-que-parfait.

I might, could, would *ou* should have had, *je pouvais, je pourrais, je voudrais, je devrais avoir eu.*

Thou mightest, couldst, wouldst *ou* shouldst have had.

He might, could, would *ou* should have had.

We might, could, would, *ou* should have had, *nous pouvions, n. pourrions, nous voudrions, n. devrions avoir eu.*

You might, could, would *ou* should have had.

They might, could, would, *ou* should have had.

SUBJONCTIF.

Présent.

I have, *que j'aie.*
Thou have.
He have.
We have.
You have.
They have.

Passé.

I had, *que j'eusse.*
Thou hadst.
He had.
We had.
You had.
They had.

Parfait.

I have had, *que j'aie eu.*
Thou have had.
He have had.
We have had.
You have had.
They have had.

Plus-que-parfait.

I might, could, would *ou* should have been, *je pouvais, je pourrais, je voudrais, je devrais avoir été.*

Thou mightest, couldst, wouldst *ou* shouldst have been.

He might, could, would *ou* should have been.

We might, could, would *ou* should have been, *nous pouvions, n. pourrions, nous voudrions, n. devrions avoir été.*

You might, could, would *ou* should have been

They might, could, would *ou* should have been.

SUBJONCTIF.

Présent.

I be, *que je sois.*
Thou be.
He be.
We be.
You be.
They be.

Passé.

I were, *que je fusse.*
Thou wert.
He were.
We were.
You were.
They were.

Parfait.

I have been, *que j'aie été.*
Thou have been.
He have been.
We have been.
You have been.
They have been.

INFINITIF.

Présent.
To have, *avoir.*

Passé.
To have had, *avoir eu.*

Participe-présent.
Having, *ayant.*

Participe-passé.
Had, having had, *ayant eu.*

INFINITIF.

Présent.
To be, *être.*

Passé.
To have been, *avoir été.*

Participe-présent.
Being, *étant.*

Participe-passé.
Been, having been, *ayant été.*

Nº II.

CONJUGAISON DES VERBES ACTIFS (ET NEUTRES)
I CALL, J'APPELLE.

FORME SIMPLE.		**FORME PROGRESSIVE.**	**FORME EMPHATIQUE.**
INDICATIF.		INDICATIF.	INDICATIF.
Présent.			
I call.	J'appelle.	I am calling.	I do call.
Thou callest,		Thou art calling.	Thou dost call.
He, she, it calls,		He .... is calling.	He does call.
We call,		We are calling.	We do call.
You call,		You are calling.	You do call.
They call,		They are calling.	They do call.
Passé.			
I called,	J'appelais.	I was calling.	I did call.
Thou calledst,		Thou wast calling.	Thou didst call.
He called,		He was calling.	He did call.
We called,		We were calling.	We did call.
You called,		You were calling.	You did call.
They called,		They were calling.	They did call.
Parfait.			
I have called,	J'ai appelé.	I have been calling.	(Manque).
Thou hast called,		Thou hast been calling.	
He has called,		He has been calling	
We have called,		We have been calling.	
You have called,		You have been calling.	
They have called,		They have been calling.	

FORME SIMPLE.	FORME PROGRESSIVE.	FORME EMPHATIQUE.
Plus-que-parfait.		
J'avais appelé.		
I had called,	I had been calling.	
Thou hadst called,	Thou hadst been calling.	
He had called,	He had been calling.	
We had called,	We had been calling.	
You had called,	You had been calling.	
They had called,	They had been calling.	
Futur.		(Manque).
J'appellerai.		
I shall *ou* will call,	I shall *ou* will be calling.	
Thou wilt *ou* shalt call,	Thou wilt *ou* shall be calling.	
He will *ou* shall call,	He will *ou* shall be calling.	
We shall *ou* will call,	We shall *ou* will be calling.	
You will *ou* shall call,	You will *ou* shall be calling.	
They will ou shall call,	They will *ou* shall be calling.	
Futur antérieur.		(Manque).
J'aurais appelé.		
I shall *ou* will have called,	I shall *ou* will have been colling.	
Thou wilt ou shalt have called,	Thou wilt *ou* shalt have been calling.	
He will *ou* shall have called,	He will *ou* shall have been calling.	
We shall *ou* will have called,	We shall *ou* will have been calling.	
You will *ou* shall have called,	You will *ou* shall have been calling.	
They will ou shall have called,	They will *ou* shall have been calling.	
Impératif.		
Singul — Call (thou), *appelle.*	Be calling (thou), *ou* be thou calling.	Do thou call.
Pluriel. — Call (you), *appelez.*	Be calling (you), *ou* be you calling.	Do you call.

POTENTIEL.

FORME SIMPLE.	FORME PROFRESSIVE.	FORME EMPHATIQUE.
Présent.		
I may, can *ou* must call, *je puis, ou il faut appeler.*	I may, can *ou* must be calling	(Manque).
Thou mayest, canst *ou* must call.	Thou mayest, canst, *ou* must be calling.	
He may, can *ou* must call.	He may, can *ou* must be calling.	
We may, can *ou* must call, *nous pouvons, ou il faut appeler.*	We may, can *ou* must be calling.	
You may, can *ou* must call.	You may, can *ou* must be calling.	
They may, can *ou* must call.	They may, can *ou* must be calling.	
Passé.		
I might, could, would, should call,	I might, could, would, should be calling.	(Manque).
Thou mightest, couldst, wouldst, shouldst call.	Thou mightest, couldst, wouldst, shouldst be calling.	
He might, could, would, should call,	He might, could, would, should be calling.	
We might, could, would, should call,	We might, could, would, should be calling.	
You might, could, would, should call,	You might, could, would, should be calling.	
They might, could, would, should call,	They might, could, would, should be calling.	
Je pouvais, je pourrais, je voudrais, je devrais appeler.		
Parfait.		
I may, can, must have called,	I may, can, must have been calling.	
Thou mayest, canst, must have called,	Thou mayest, canst, must have been calling.	
He may, can, must have called,	He may, can, must have been calling.	
We may, can, must have called,	We may, can must have been calling.	
You may, can, must have called.	You may, can, must have been calling.	
They may, can, must have called.	They may, can, must have been calling.	
j'ai pu ou dû appeler.		

Plus-que-parfait.		**Plus-que-parfait.**	
I might, could, would, should have called.	je pour., je voud., je dev., av. appelé.	I might, could, would, should	have been calling.
Thou mighst, couldst, woulds, shouldst have called.		Thou mighst, couldst, wouldst, shouldst	
He might, could, would, should have called		He might, could, would, should	
We might, could, would, should have called.		We might, could, would, should	
You might, could, would, should have called.		You might, could, would, should	
They might, could, would, should have called.		They might, could, would, should	

SUBJONCTIF.		SOBJONCTIF.	SUBJONCTIF.
Présent.			
If ou though I call,	que j'appelle.	If ou though I be calling.	I do call.
Thou call,		Thou be calling.	Thou do call.
He call,		He be calling,	He do call.
We call,		We be calling	We do call.
You call,		You be calling	You do call.
They call,		They be calling	They do call.
Passé.			
I called,	que j'appelasse.	I were calling.	I did call.
Thou calledst,		Thou wert calling.	Thou didst call.
He called,		He were calling.	He did call.
We called,		We were calling.	We did call.
You called,		You were calling.	You did call.
They called,		They were calling.	They did call.
Parfait.			
I have called,	que j'aie appelé.	I have been calling.	(Manque).
Thou have called,		Thou have been calling.	
He have called,		He have been calling.	
We have called,		We have been calling.	
You have called,		You have been calling.	
They have called,		They have been calling.	

Plus-que-parfait comme indicatif. (Français : Que j'eusse appelé).

INFINITIF.	INFINITIF.	INFINITIF.
Présent.		
To be, *appeler*.	To be calling.	
Passé.		
Have called, *avoir appelé*.	Have been calling.	

PARTICIPE.

Présent.

Calling, *appelant.*

Passé.

Simp. — Called, *appelé.*
Comp. — Having called, *ayant appelé.*

PARTICIPES (manquent).

N° III.

CONJUGAISON DES VERBES PASSIFS.

FORME SIMPLE.

INDICATIF.

Présent.

I am called, *je suis appelé.*
Thou art called, etc., comme le verbe *To be.*

Passé.

I was called, etc., *j'étais appelé.*

Parfait.

I have been called, etc., *j'ai été appelé.*

Plus-que-Parfait.

I had been called, etc., *j'avais été appelé.*

Futur.

I shall *ou* will be called, etc., *je serai appelé.*

Futur antérieur.

I shall *ou* will have been called, etc., *j'aurai été appelé.*

IMPÉRATIF.

Be (thou), be (you) called, *sois, soyez appelé.*

POTENTIEL.

Présent.

I may, can *ou* must be called, etc., *je puis, ou dois être appelé.*

Passé.

I might, could, would *ou* should be called, etc., *je pouvais, devais ou devrais être appelé.*

Parfait.

I may, can *ou* must have been called, etc., *j'ai pu, ou j'ai dû être appelé.*

Plus-que-Parfait.

I might, could, would *ou* should have been called, etc., *j'avais pu, ou dû être appelé.*

SUBJONCTIF.

Présent.

If I be called, etc., *si je suis appelé.*

Passé.

If I were called... *si j'étais appelé.*

Parfait.

If I have been called... *si j'ai été appelé.*

Plus-que-Parfait.

If I had been called... *si j'avais été appelé.*

INFINITIF.

Présent.

To be called, *être appelé.*

Passé.

To have been called, *avoir été appelé.*

FORME PROGRESSIVE.

Présent.

I am being called, etc., *je suis appelé.*

Passé.

I was being called... *j'étais appelé.*

§ IV. — FORMATION DES TEMPS ET DES PERSONNES.

I. — En anglais, tous les temps de la conjugaison sont composés d'un ou de plusieurs verbes auxiliaires et d'un verbe principal, même à la forme simple. Sont exceptés, le présent et le passé de l'indicatif et du subjonctif, l'impératif, le présent de l'infinitif et les participes (1re forme). Ces temps sont appelés simples.

II. — L'impératif et l'infinitif présent sont semblables, et le passé du subjonctif est semblable au passé de l'indicatif. Il suffit donc d'indiquer la dérivation des passés de l'indicatif et des participes, c'est-à-dire des temps principaux.

N° I.

TEMPS SIMPLES.

A. Formation des temps principaux.

I. — Comme on l'a vu plus haut, les temps principaux sont :

1°. Le Présent de l'Infinitif ;
2°. Le Passé de l'Indicatif ;
3°. Le Participe passé (simple) ;
4°. Le Participe présent.

II. — Dans tout verbe régulier, le passé et le participe passé sont semblables.

III. — Ces deux temps se forment régulièrement du présent de l'infinitif, en ajoutant *ed*.

Ex. : Appeler, *call ;* j'appelais, appelé, *I called, called.*

a) Si l'infinitif présent est terminé par un *e* muet, on ajoute un *d* seulement.

Ex. : Aimer, *love ;* aimé, *loved.*

b) Si l'infinitif présent est terminé par un *y*, cette lettre se change en *i* devand l'*ed* du passé et du participe passé, si l'*y* est précédé d'une consonne.

Ex. : Essayer, *try ;* essayé, *tried.*

Mais si l'*y* est précédé d'une voyelle, le temps se forme régulièrement.

Ex. : Jouer, *play ;* joué, *played.*

IV. — Le participe présent se forme de l'infinitif, en ajoutant *ing*.

Ex. : Appeler, *call ;* appelant, *calling.*

a) Si l'indicatif est terminé par *e* muet, cette lettre se retranche devant l'*ing* du participe présent.

Ex. : Aimer, *love, loving.*

b) Si l'infinitif est terminée par *ie*, l'*i* se change en *y*, et l'*e* se retranche.

Ex. : Mourir, *die, dying.*

Mais si l'infinitif est terminé par *y*, le temps se forme régulièrement.

Ex. : Porter, *carry, carrying.*

Remarque. — *Les monosyllabes terminés par une consonne et ayant le son bref — les verbes de deux* *syllabes, terminées par une consonne et ayant l'accent sur la seconde syllabe — les verbes terminés en* el, *et le verbe worship,* redoublent la consonne finale, devant l'*ed* du passé et du participe passé et devant l'*ing* du participe présent.

Ex. : Mendier, *beg, begged, begging ;* admettre, *admit, admitted, admitting ;* voyager, *travel, travelled, travelling ;* adorer, *worship, worshipped, worshipping.*

(Voir tableau page 36).

N° II.

FORMATION DES PERSONNES.

I. — Dans les temps simples et personnels, toutes les personnes, à part la seconde et la troisième personnes du singulier, sont semblables et ne se distinguent que par le pronom ou le nom sujet.

Ex. : Nous aimons, *we love ;* vous aimez, *you love.*

II. *a)* — Au présent. La seconde personne du présent singulier se forme de la première en ajoutant *est.*

Ex. : J'appelle, *I call ;* tu appelles, *thou callest.*

b) Si la première personne est terminée par un *e* muet, on ajoute *st* seulement.

Ex. : Tu aimes, *thou lovest,* (et non *thou loveest*).

c) Si la première personne est terminée par un *y*, précédé d'une consonne, cet *y* se change en *i*, devant l'*est* de la deuxième personne.

Ex. : Essayer, *I try, thou triest.*

Mais si l'*y* est précédé d'une voyelle, la seconde personne se forme régulièrement.

Ex. : Jouer, *I play, thou playest.*

III. — Au passé. La seconde personne du singulier du passé, se forme de la première de ce même temps, en ajoutant *st.*

Ex. : Appeler *to call ;* j'appelais, *I called ;* tu appelas, *thou calledst.*

IV. — Au présent seul, la troisième personne du singulier est variable ; au passé, elle est invariable.

La troisième personne du singulier, se forme de la première, en ajoutant s.

Ex. : J'appelle, *I call ;* il appelle, *he calls.*

a) Si la première personne est terminée par *s, ss, y, x, o, sh, ch* (doux), la troisième se forme en ajoutant *es.*

Ex. Je traverse, *I cross ;* il traverse, *he crosses.*
Je porte, *I fetch ;* il porte, *he fetches.*
Je vais ,*I go ;* il va, *he goes.*

b) Si à la première personne, le verbe est terminé par un *y* précédé d'une consonne, on change l'*y* en *i* en ajoutant *es* pour former la troisième personne.

Ex. : J'essaie, *I try ;* il essaie, *he tries.*

Mais si l'*y* est précédé d'une voyelle, cette personne se forme régulièrement.

Ex. : Je joue, *I play ;* il joue, *he plays.*

(Voir le tableau page 37).

Remarque. — Les verbes irréguliers en anglais, ne forment pas leurs temps principaux suivant les règles ci-dessus, mais, dans la formation des personnes de leurs temps simples, ils sont réguliers.

N° III.

TEMPS COMPOSÉS.

Il y a deux choses à considérer dans les temps composés :

1° le verbe principal ; 2° le verbe auxiliaire.

I. — Tout verbe anglais précédé d'un verbe auxiliaire doit être à l'*infinitif présent,* à moins que le verbe auxiliaire ne soit *to have* ou *to be.*

Remarque. — *Have* veut le verbe principal au participe passé, et *Be* au participe passé ou au participe présent.

II. — *Aucun verbe axiliaire employé comme tel,* ne peut être suivi de la préposition *to.*

Remarque. — Dans les locutions telles que : *I am to be calling*, etc. *Have* et *Be*, sont des verbes principaux, ou des auxiliaires d'un autre verbe sous-entendu.

III. — Les verbes employés comme auxiliaires dans la conjugaison anglaise, sont :

Présent.	Have	Be	Do	shall	will	may	can	must
Passé.	Had	was	did	should	would	might	could	must

IV. — Les verbes *Have, Be* et *Do* sont complets, quand ils ne sont pas employés comme auxiliaires. Les autres sont défectifs, et n'ont que deux temps, le *Présent* et le *Passé*.

Remarque. — Tout verbe auxiliaire est au présent ou au passé de l'indicatif, c'est-à-dire, à l'un des temps simples de sa conjugaison propre, et, en conséquence, suit dans la formation des personnes les règles ci-dessus (voir n° II) indiquées, avec les contractions suivantes :

2e Personne.			3e Personne.		
Have	*(ha(ve)st)*	*hast.*	*Have*	*(ha(ve)s*	*has.*
Do	*(do(e)st)*	*dost.*	*Shall*		Invariables.
Shall	*(shal(les)t)*	*shalt.*	*Will*		
Will	*(wil(les)t)*	*wilt.*	*Can*		
Can	*(can(ne)st)*	*canst.*	*May*		

May est régulier à la 2e personne. — *Do* est régulier à la 3e Personne.

Be est irrégulier aux deux personnes.

Must est toujours invariable.

Au *passé* tous ces verbes suivent la règle générale, excepté *Must*, qui demeure toujours invariable.

FORMATION DES TEMPS.

	INFINITIF.		PASSÉ et Participe Passé.	PART. PRÉSENT.
	Call..	appeler.	*called*	*calling.*
En e muet	*Love.*	aimer.	*loved*	*loving.*
	Die..	mourir.	*died*	*dying* (ie en *y*).
En y.	*Carry*	porter.	*carried* (*y* en *ie*)	*carrying.*
	Play.	jouer.	*played*	*playing.*
Redoubl. consonne.	*Beg..*	mendier.	*begged*	*begging.*
	Admit	admettre.	*admitted*	*admitting.*
	Travel	voyager.	*travelled*	*travelling.*
	Worship.	adorer.	*worshipped*	*worshipping.*

FORMATION DES PERSONNES.

	1re PERSONNE.	2e PERSONNE.	3e PERSONNE.	
	Call.. appeler.	*callest*	*calls*.	
en e	*Love* . aimer.	*lovest*	*loves*.	
en y	*Carry* porter.	*carriest* (*y* en *i*)	*carries* (*y* en *ie*).	
	Play. jouer.	*playest*	*plays*.	
Redoub.	*Beg*.. mendier.	*beggest*	*begs*.	
Conso.	*Admit* admettre	*admittest*.	*admits*.	
Fina	*Travel* voyager.	*travellest*.	*travels*.	
es à	*Brush* brosser.	*brushest*	*brushes*	ajou-
la 3me	*Kiss*.. baiser.	*kissest*	*kisses*	tent
person.	*Go*... aller.	*goest*	*goes*	*es*,

§ V.

N° 1.

DES VERBES AUXILIAIRES EMPLOYÉS COMME AUXILIAIRES A L'INDICATIF.

I. — Le verbe *To have,* dans la conjugaison des verbes anglais, a le même sens que le verbe *avoir,* dans la conjugaison française, et le verbe principal, qui le suit, se met toujours *au participe passé.*

Ex. : J'ai aimé, *I have loved.*

II. — Le verbe *to Be* s'emploie à la voix passive, comme le verbe *être,* en français, et encore à l'actif dans la forme progressive. Le verbe principal qui le suit est donc ou au participe passé ou au participe présent.

Ex. : Je suis appelé, *I am called ;* j'appelle, *I am calling.*

III. — Le verbe *Do* ne s'emploie qu'à la forme emphatique.

Ex. : J'appelle, j'appelais, *I do call, I did call.*

IV. — En anglais, il n'y a pas de forme simple pour exprimer le futur ; pour conjuguer ce temps, il faut se servir de *will* (vouloir) ou de *shall* (devoir), (1) suivi du présent de l'infinitif.

Aux premières personnes :

Will indique que l'action future dépend uniquement de la volonté du sujet.

Shall indique simplement que l'action se fera dans un temps futur.

Aux 2es et 3es personnes :

Will indique que l'action se fera dans un temps futur.

Shall exprime l'idée d'avenir avec commandement, nécessité ou menace.

REMARQUE. — Dans les discours indirects on emploie presque toujours *Shall* à toutes les personnes.

Ex. : Vous dites qu'ils iront, *You say they shall go.*

De même dans les phrases interrogatives *Shall* remplace quelquefois *Will.*

V. — Ces règles s'appliquent aussi au futur antérieur.

N° II.

DU VERBE **Let** EMPLOYÉ POUR TRADUIRE L'IMPÉRATIF FRANÇAIS.

I. — Comme il a été déjà dit, l'impératif anglais n'a que la seconde personne, et est semblable à l'infinitif présent.

II. — Pour traduire en anglais la première et la troisième personnes de l'impératif, on se sert du verbe *Let* suivi du *sujet, à l'objectif,* et du verbe principal à l'infinitif.

Ex. : Aimons nous les uns les autres, *let us love one another.*

III. — *Let* signifie *laisser, permettre* et ne prend jamais la préposition *to.*

Ex. : Il le laissa sortir, *he let him go out.*

A la troisième personne de l'impératif anglais il se traduit en français par *que.*

Ex. : Qu'ils le fassent ! *Let them do it !*

Ce verbe exprime toujours le désir, l'invitation, c'est un véritable optatif.

---

(1) Ce dernier verbe n'est jamais employé seul aujourd'hui ; il a perdu son sens propre et n'existe dans la langue que comme particule.

N° III.

DES VERBES AUXILIAIRES EMPLOYÉS AU MODE POTENTIEL.

I. — *May* et *Can* expriment l'idée de pouvoir, de puissance, de possibilité.

a) *May* exprime l'idée de permission.

Ex. : Vous pouvez jouer (il vous est permis), *You may play*.

May indique encore que l'action, exprimée par le verbe, peut s'accomplir indépendamment des forces du sujet.

Ex. : Il peut arriver que etc., *It may happen that*.

b) *Can* exprime la possibilité dépendante des forces, ou de la nature du sujet du verbe.

Ex. : Je puis soulever cette pierre, *I can lift this stone ;* Je puis apprendre ma leçon, *I can learn my lesson*.

Milton a résumé dans un vers l'emploi de ces deux verbes :

Celui qui peut nous donner un conseil peut parler, *who can advise may speak*.

Remarque. — Dans les phrases interrogatives, ou négatives, on se sert plus habituellement de *can*, pour exprimer la permission.

Ex. : Nous ne pouvons pas manger de la viande le samedi, *we cannot eat meat on saturday*.

II. — Le verbe *Must* exprime la nécessité absolue.

Ex. : Tout homme doit mourir, *all men must die*.

(Voir observation n° IV (*b*), page 41).

N° IV.

DES VERBES AUXILIAIRES DU MODE POTENTIEL, QUI SONT EMPLOYÉS COMME CONDITIONNELS.

Il n'y a pas de mode conditionnel, proprement dit, en anglais. Par conditionnel, on entend les temps du verbe qui expriment que l'action s'accomplirait ou se serait accomplie, moyennant une condition.

Ex. : *Ce verre serait tombé, si je ne l'avais pas retenu ; on me tuerait, si je sortais.*

I. — On emploie le *passé du potentiel,* pour rendre le présent du conditionnel, et le *plus-que-parfait du potentiel,* pour rendre le passé du conditionnel.

II. — Quand, à un de ces temps, on veut exprimer la volonté, ou le devoir que l'on aurait de faire l'action exprimée par le verbe, on se sert de *would* ou de *should*. Les règles qui régissent l'emploi de ces verbes sont :

PREMIÈRES PERSONNES.

Would exprime le désir, ou la volonté qu'aurait le sujet, d'accomplir l'action.

Ex. : Nous jouerions si nous le pouvions, *we would play if we could.*

Should exprime simplement le conditionnel.

Ex. : Je me mouillerais si je sortais, *I should get wet if I was to go out.*

Cependant *should* exprime quelquefois l'idée de devoir, même à cette personne.

Ex. : Nous devrions aimer nos amis et même nos ennemis, *we should love our friends and even our enemies.*

Dans ce cas, il vaut mieux se servir de *ought to* quand on le peut.

2es et 3es PERSONNES.

Would exprime simplement le conditionnel.

Ex. : Le verre tomberait, si je ne le retenais pas, *this glass would fall, if I did not hold it.*

Should, indique une obligation, pour le sujet du verbe, d'accomplir l'action.

Ex. : Vous devriez faire votre devoir, *You should do your duty.*

III. — Quand, à un des deux temps conditionnels, on veut exprimer la permission ou le pouvoir que l'on aurait, la possibilité où l'on serait, d'accomplir l'action, on se sert de *might* ou de *could.*

Might exprime l'idée de permission. *Might* indique encore que l'action, exprimée par le verbe, pouvait s'accomplir indépendamment des forces du sujet.

Ex. : Il me serait permis de le faire, si je le pouvais, *I might do it, if I could.*

Cela pourrait arriver, *it might happen.*

Could exprime la force ou la puissance que l'on aurait d'accomplir l'action.

Ex. : Vous pourriez marcher plus vite, mais vous ne le pourrez pas (ferez pas), *you could walk faster, but you shall not.*

Remarque. — *Should* et *could* ne sont pas toujours employés comme conditionnels.

Should est quelquefois employé pour traduire le verbe français *devoir*, au présent de l'indicatif.

Ex. : Vous devez faire votre devoir, *you should do your task.*

Could est quelquefois un simple passé.

Ex. : Il pouvait le faire alors, il ne le peut plus maintenant, *He could do it then, but cannot now.*

b) Quand la condition n'est que supposée, et non réelle, le verbe qui l'exprime se rend par :

Was to, were to, rarement par *should* à la première personne.

Should, plus ordinairement, à la seconde et à la troisième personne.

Ex. : Si je sortais, je serais tué, *I should be killed, if I was to go out ;* cela pourrait arriver s'il venait ici, *that might happen, if he was to come here* ou *should come here.*

Observation. — Quand le verbe français *devoir* n'exprime pas une obligation, mais un simple futur, il se traduit par le futur, ou par le verbe *Be*, suivi de *to.*

Ex. : La mort doit les réunir, *death shall* ou *is to unite them.*

(Voir le tableau page 42)

IV. — Outre les verbes *must* et *shall, should,* pour exprimer la nécessité ou l'obligation, il y a encore le verbe *Ought* qui n'est pas auxiliaire et qui est toujours suivi de la proposition *to.*

V. — Il y aura une grande différence dans l'emploi de ces verbes.

Must exprime la nécessité absolue.

Ex. : Vous me mettez à la porte, je sors, puisqu'il le faut, *you put me out, I am going because I must.*

Ce verbe exprime ainsi quelquefois l'*obligation*, quand le verbe n'est pas au conditionnel.

Ex. : On doit faire son devoir, *we must do our duty*.

SHALL — WILL. SHOULD — WOULD.

Futur. — Shall - Will.		Cond. — Should - Would.	
1re Pers.	shall call, j'appellerai. will call, j'appellerai. (*c.-à-d.*, je veux appeler).	1re Pers.	should call, j'appellerais. *et quelquefois*, je devais appeler. would call, j'appellerais. (*c.-à-d.*, je voudrais appeler.
2e et 3e Per.	will call { v. appellerez. ils appelleront. shall call { v. appellerez. ils appelleront. (*c.-à-d.*, il faut que vous appeliez, qu'il appelle).	2e et 3e Per.	would call, ils appellent *ou* vous appelleriez. should call, vous appelleriez. *ou* ils appelleraient

MAY — CAN. MIGHT — COULD.

Présent. — May - Can.	Cond. — Might - Could.
I / You / They { may call, je puis appeler, (*c.-à-d.*, j'ai la perm. d'appel., etc.).	Might call, *je pourrais appeler (il pourrait se faire que).*
I / You / They { can call, je puis appeler. (*c.-à-d.*, j'ai la force de etc.).	Could call, *je ponrrais appeler (j'aurais la force pour)* *je pourrais appeler.*

Shall indique une obligation rigoureuse, qui devra être satisfaite dans l'avenir, et exprime ordinairement (à la 2e et 3e personne) un commandement ou une menace.

Ex. : Vous obéirez, que vous le vouliez ou non, *you shall obey, whether you like it or not.*

Should exprime l'obligation, qui découle d'un devoir rigoureux. Ce verbe est employé au conditionnel.

Ex. : Nous devrions aider nos parents dans leur vieillesse, *we should help our parents in their old age.*

Ought to exprime une convenance, ou une obligation qui découle d'une convenance.

Ex. : Le temps est beau, nous devrions aller nous promener, *The weather is fine, we ought to go out for a walk.*

§ VI. — DES VERBES AVEC INTERROGATION OU NÉGATION.

N° I.

DE L'INTERROGATION.

I. — Pour donner la forme interrogative à un verbe anglais, il suffit d'intervertir l'ordre du sujet et du verbe auxiliaire.

Ex. : Avez vous appelé ? *have you called ?*

II. — Au présent et au passé de l'indicatif, où il n'y a pas de verbe auxiliaire, on se sert de la *forme emphatique*, à moins que le verbe ne soit à la forme progressive.

Ex. : Appelez-vous ? *do you call.*

Remarque. — Les verbes *to Be* et *to Have,* n'ayant pas de forme emphatique, il suffit, pour donner aux temps simples de ces verbes la forme interrogative, d'intervertir l'ordre du sujet et du verbe.

Ex. : Etes-vous là ? *Are* you *there ?* Avez-vous le livre ? *Have you the book.*

III. — A la forme progressive et à la voix passive, le verbe *to Be* est considéré comme verbe principal, dans les temps où il est composé.

Ex. : Ai-je appelé ? *have I been calling ?* Ai-je été appelé ? *have I been called ?*

Il en est de même du verbe *to Have,* quand il est usité dans la conjugaison d'un verbe, et qu'il est précédé d'un autre auxiliaire, (au futur antérieur et au parfait et plus-que-parfait du potentiel).

Ex. : Aurai-je appelé, *shall I have called.*

N° II.

DE LA NÉGATION.

I. — Pour donner à un verbe la forme négative, il suffit de mettre l'adverbe de négation *not* entre le verbe auxiliaire et le verbe principal.

Ex. : Je n'ai pas appelé, *I have not called.*

II. — Au présent et au passé de l'indicatif et du subjonctif, où il n'y a pas de verbe auxiliaire, on se sert de la forme emphatique.

Ex. : Je n'appelle pas, *I do not call.*

Remarque. — I. Les verbes *to Be* et *to Have* n'ayant pas de forme emphatique, on place simplement la négation *not* après le verbe.

Ex. : Je ne suis pas heureux, *I am not happy.*

II. La même construction se trouve aussi avec d'autres verbes.

I call not pour *I do not call.* Cette construction appartient au style pompeux et est rare en prose. (Toujours à éviter pour les écoliers).

III. — A la forme progressive active et à la voix passive, le verbe *to Be* est considéré comme le verbe principal à ses temps composés, et la négation *not* se place avant. Il en est de même de *have,* quand il est précédé d'un auxiliaire.

Ex. : Je n'ai pas appelé, *I have not been calling ;* je n'ai pas été appelé, *I have not been called.*

IV. — Quand le verbe est à l'infinitif, la négation *not* se place avant.

Ex. : Ne pas savoir, *not to know.*

V. — *Not* se place avant l'auxiliaire, si celui-ci est à l'infinitif présent.

Ex. : Ne pas être appelé, *not to be called.*

VI. — La négation *not* se place encore avant le participe présent, quand celui-ci est employé seul.

Ex. : Ne sachant que faire, *not knowing what to do.*

VII. — Si la négation *never* (jamais) est employée, le verbe peut rester à la forme simple, et la négation se place avant le verbe.

Ex. — Je ne l'appelai jamais, *I never called him.*

Si le verbe est à un temps composé, *never* se place entre l'auxiliaire et le verbe principal, ou avant l'auxiliaire, quand on veut insister sur la négation.

Ex. : Il n'a jamais appelé, *he has never called*.

VIII. — *No more* (plus) se place après le verbe principal.

Ex. : Macbeth ne dormira plus, *Macbeth shall sleep no more*.

N° III.

DE L'INTERROGATION AVEC NÉGATION.

I. — Pour interroger, quand il y a négation, on intervertit l'ordre du sujet et du verbe auxiliaire, suivant les règles de l'interrogation (voir n° I), et l'on place la négation *not*... 1° *avant le sujet*, si le sujet est un nom... 2° *après le sujet*, si le sujet est un pronom.

Ex. : Votre père n'appelle-t-il pas ? *does not your father call ?* n'appelez-vous pas ? *do you not call ?*

II. — Quand il y a interrogation, *never* se place toujours après le sujet, peu importe qu'il soit nom ou pronom.

Ex. : Votre père n'appelle-t-il jamais ? *does your father never call ?* n'appelez-vous jamais ? *do you never call ?*

III. — *No more* se place toujours après le verbe.

§ VII. — DES VERBES IRRÉGULIERS.

Les trois temps principaux en anglais sont :

Le *présent de l'infinitif*, le *passé de l'indicatif* et le *participe passé*. Ces deux derniers, dans les verbes réguliers, se forment de l'*infinitif* en ajoutant *ed* ou *d*.

Les verbes irréguliers suivent la même conjugaison, et ne diffèrent des autres verbes qu'en ce qu'ils forment leur passé et leur participe passé d'une manière différente.

Il y a treize règles pour la formation des temps principaux dans les verbes irréguliers, chacun admettant un certain nombre d'exceptions.

Ces verbes se divisent en trois catégories : la première contient les verbes ayant les trois temps semblables ; la seconde, les verbes ayant le passé et le participe passé semblables ; la troisième, les verbes ayant le passé et le participe passé différents. La plupart de ces verbes sont monosyllabiques.

N° I.

VERBES AYANT LES TROIS TEMPS SEMBLABLES.

(*Invariables.*).

Règle 1. — Les verbes monosyllabiques ayant le son bref et terminés par un *t* ou *d* sont invariables.

a) Terminaison en *t* :

	Présent.		Passé.	Participe passé.
	Cast,	*jeter.*	cast,	cast.
	Cost,	*coûter.*	cost.	cost.
	Cut,	*couper.*	cut.	cut.
	Hit,	*frapper.*	hit.	hit.
	Hurt,	*faire mal.*	hurt.	hurt.
××	Knit,	*tricoter.*	knit.	knit.
	Let,	*laisser.*	let,	let.
	Put,	*mettre.*	put.	put.
××	Quit,	*quitter.*	quit.	quit.
	Set,	*placer.*	set.	set.
	Shut,	*fermer.*	shut.	shut.
××	Slit,	*fendre.*	slit.	slit.
	Spit,	*cracher.*	spit (spat).	spit.
	Split,	*fendre.*	split.	split.
	Sweat,	*suer.*	sweat.	sweat.
	Thrust,	*fourrer.*	thrust.	thrust.
	Burst,	*éclater.*	burst.	burst.
	Beat,	*battre.*	beat.	beat (beaten)
	Wet,	*mouiller.*	wet.	wet.

Nota. — Les verbes marqués × × ont aussi la forme régulière, mais elle n'est guère employée qu'au passif.

b) Terminaison en *d* :

Présent.		Passé.	Participe passé.
Rid,	*débarrasser.*	rid.	rid.
Shed,	*verser.*	shed.	shed.
Shred,	*hacher.*	shred.	shred.
Spread,	*répandre.*	spread.	spread.

EXCEPTIONS. — 1° Le verbe **beat** (*battre)* a le son long à tous les temps. Le verbe **put** (*mettre)* a le son long.

2° Le verbe **get** *(acquérir)* fait **got, got.** Le verbe **sit** (*s'asseoir*) fait **sat, sat.**

N° II.

VERBES AYANT LE PASSÉ ET LE PARTICIPE PASSÉ SEMBLABLES.

Règle 2. — Les quatre verbes monosyllabiques suivants **ay** changent ces lettres en **aid** au passé et au participe passé.

	Présent.		Passé.	Participe passé.
	Lay,	*mettre, étendre.*	laid.	laid.
××	Pay,	*payer.*	paid.	paid.
	Say,	*dire.*	said.	said.
××	Stay,	*rester.*	staid.	staid.

EXCEPTION. — **Slay** (*tuer)* **slew, slain.**
Stay n'est guère irrégulier si ce n'est en poésie.

Règle 3. — Les verbes monosyllabiques terminés en **end, ild** ou **ird** changent le *d* final en *t* au passé et au participe passé.

	Présent.		Passé.		Participe passé.
a)	Bend,	*plier.*	bent.	bended.	bent.
	Lend,	*prêter.*	lent.		lent.
	Rend,	*déchirer.*	rent.		rent.
	Send,	*envoyer.*	sent.		sent.
	Spend,	*dépenser.*	spent.		spent.

		Présent.		Passé.	Participe passé.
b) Term.	ild :	Build,	*bâtir.*	built.	built.
	××	Gild,	*dorer.*	gilt.	gilt.
	ird : ××	Gird,	*ceindre.*	girt.	girt.

Règle 4. — Les verbes monosyllabiques en **ead**, **eed**, **eet** (**oot**) retranchent la dernière voyelle au passé et participe passé.

Présent.		Passé.	Participe passé.
Lead,	*conduire.*	led.	led.
Bleed,	*saigner.*	bled.	bled.
Breed,	*élever (produire).*	bred.	bred.
Feed,	*nourrir.*	fed.	fed.
Speed,	*précipiter.*	sped.	sped.
Meet,	*rencontrer.*	met.	met.
Shoot,	*tirer (arme à feu).*	shot.	shot.
Except. Read,	*lire.*	read.	read.
Thread,	*fouler aux pieds.*	trod.	trodden.

Remarque. — *Read* à le son long à l'infinitif et bref aux aux autres temps.

Les verbes

×× Shoe,	*ferrer.*	shod.	shod.
Flee,	*fuir.*	fled	fled.

suivent la même règle en ajoutant un *d*.

Règle 5. — Les verbes monosyllabiques en **eel**, **eep** retranchent la dernière voyelle et ajoutent un *t* au passé et au participe passé.

Présent.		Passé.	Participe passé.
Creep,	*ramper.*	crept.	crept.
Keep,	*garder.*	kept.	kept.
Sleep,	*dormir.*	slept	slept.
Sweep,	*balayer.*	swept.	swept.
Feel,	*ressentir.*	felt.	felt.
×× Kneel,	*s'agenouiller.*	knelt.	knelt.

Remarques. — 1° Les verbes de deux syllabes

Présent.		Passé.	Participe passé.
Leave,	*laisser.*	left.	left.
×× Cleave,	*fendre.*	cleft, clove.	cleft, cloven.
×× Bereave,	*priver.*	bereft.	bereft.

se rapprochent aussi de cette règle. (*Cleave*, se coller à, est règulier.

2°. Certains verbes qu'on ne peut classer forment leur passé et leur participe passé en ajoutant simplement un *t* au présent de l'infinitif.

Présent.		Passé.	Participe passé.
Burn,	*brûler.*	burnt.	burnt.
×× Deal,	*distribuer.*	dealt.	dealt.
×× Dip,	*plonger.*	dipt.	dipt.
×× Dream,	*rêver.*	dreamt.	dreamt.
Leap,	*bondir.*	leapt.	leapt.
×× Learn,	*apprendre.*	learnt.	learnt.
Mean,	*signifier.*	meant.	meant.
×× Stamp,	*empreindre.*	stampt.	stampt.

Remarque. — Les verbes terminés en *ll* :

Présent.		Passé.	Participe passé.
×× Dwell,	*habiter.*	dwelt.	dwelt.
Smell,	*sentir.*	smelt.	smelt.
×× Spill,	*répandre.*	spilt.	spilt.

retranchent un *l* du passé et du participe passé avant le *t*, excepté les verbes :

Présent.		Passé.	Participe passé.
Tell,	*dire.*	told.	told.
Sell,	*vendre.*	sold.	sold.
Swell,	*enfler.*	(swelled).	swollen.

Le verbe dissyllabique **lose** change *e* final en *t* :

Lose,	*perdre.*	lost.	lost.

Règle 6. — Les verbes monosyllabiques en **ind** changent l'*i* en *ou* au passé et au participe passé.

Présent.		Passé.	Participe passé.
Bind,	*lier.*	bound.	bound.
Find,	*trouver.*	found.	found.
Grind,	*moudre.*	ground.	ground.
Wind,	*tourner.*	wound.	wound.

Les six verbes suivants, que l'on ne peut classer, forment leur passé et leur participe passé en **ought** :

Présent.		Passé.	Participe passé.
Bring,	*apporter.*	brought.	brought.
Buy,	*acheter.*	bought.	bought.
Fight,	*combattre.*	fought.	fought.
Seek,	*chercher.*	sought.	sought.
Think,	*penser.*	thought.	thought.
×× Work,	*travailler.*	wrought.	wrought.

Le verbe dissyllabique **beseech**, *supplier*, **besought, besought,** suit la même règle.

Les deux verbes suivants forment leur passé et leur participe passé en **aught** :

Présent.		Passé.	Participe passé
×× Catch,	*attraper.*	caught.	caught.
Teach,	*enseigner.*	taught.	taught.
×× Clothe,	*vêtir.* fait	clad.	clad.
Hold,	*tenir.*	held.	held.
Stand,	*se tenir debout.*	stood.	stood.
Win,	*gagner.*	won.	won.

N° III.

VERBES AYANT LES TROIS TEMPS DIFFÉRENTS.

Règle 7. — Les verbes en **ing, ink, in** changent l'*i* de l'infinitif en *a* ou en *u* au passé, et en *u* au participe passé.

	Présent.		Passé.		Participe passé.
A)	Ring,	*sonner.*	rang.	rung.	rung.
Passé : *a*	Sing,	*chanter.*	sang.	sung.	sung.
	Sink,	*s'enfoncer.*	sank.	sunk.	sunk.
	Shrink,	*se rétrécir.*	shrank.	shrunk.	shrunk.
	Drink,	*boire.*	drank		drunk.
	Spring,	*s'élancer.*	sprang.	sprung.	sprung.
	Spin,	*filer.*	span.	spun.	spun.
	Begin,	*commencer.*	began.	begun.	begun.

Suivent la même règle :

Présent.		Passé.		Participe passé.
Swim,	*nager.*	swam.	swum.	swum.
Run,	*courir.*	ran.	run.	run.

	Présent.		Passé.	Participe passé.
B) Passé : *u*	Cling,	*s'attacher.*	clung.	clung.
	Fling,	*jeter.*	flung.	flung.
	Sting,	*piquer.*	stung.	stung.
	String,	*bander.*	strung.	strung.
	Swing,	*balancer.*	swung.	swung.
	Slink,	*fuir.*	slunk.	slunk.
	Stink,	*puer.*	stunk.	stunk.
	Wring,	*tordre.*	wrung.	wrung.

Les verbes :

	Présent		Passé.	Participe passé.
××	Hang.	*pendre.*	hung.	hung.
××	Dig,	*bêcher.*	dug.	dug.
	Stick,	*coller.*	stuck.	stuck.

suivent la même règle.

Exceptions. — Win, *gagner.* won. won.
Strike, *frapper.* struck. stircken.

Règle 8. — Les verbes en **ew**, **ow** forment leur passé régulièrement ou en **ew**, et leur participe passé en ajoutant *n* à l'infinitif présent.

	Présent.		Passé.	Participe passé.
A) ××	Hew,	*tailler.*	hewed.	hewn.
Passé rég. ××	Mow,	*faucher.*	mowed.	mown.
	Show,	*montrer.*	showed.	shown.
	Snow,	*neiger.*	snowed.	snown.
	Sow,	*semer.*	sowed.	sown.

Le verbe en aw, **Saw**, *scier*, **sawed, sawn**, suit la même règle.

	Présent.		Passé.	Participe passé.
B) Passé en *ew*.	Blow.	*souffler.*	blew.	blown.
	Grow,	*croître.*	grew.	grown.
	Know,	*connaître.*	knew.	known.
	Throw,	*jeter.*	threw.	thrown.

Le verbe en aw :

Draw,	*tirer.*	drew.	drawn.

et le verbe

Fly,	*voler.*	flew.	flown.

suivent la même règle.

EXCEPTIONS :

	Présent.		Passé.	Participe passé.
××	Crow,	*chanter comme le coq.*	crew.	crowed.
	Be,	*être.*	was.	been.
	Lie,	*être couché.*	lay.	lain.
	See,	*voir.*	saw.	seen.

Règle 9. — Les verbes en **eak, eal, ear** changent **eak, eal, ear** en **oke, ole, ore** au passé, et en **oken, olen (oren), orn** au participe passé.

	Présent.		Passé.	Participe passé.
A) en eak, eal.	Break,	*casser.*	broke.	broken.
	Speak,	*parler.*	spoke, spake.	spoken.
	Steal,	*dérober.*	stole.	stolen.

EXCEPTION :

	Présent.		Passé.	Participe passé.
××	Deal, (1)	*distribuer.*	dealt.	dealt.
	Rot,	*pourrir.*	rotted.	rotten.

	Présent.		Passé.	Participe passé.
B) en ear.	Shear.	*tondre.*	shore.	shorn.
	Bear,	*porter.*	bore.	born, borne.
	Tear,	*déchirer.*	tore.	torn.
	Swear,	*jurer.*	swore.	sworn.
	Wear,	*user, porter.*	wore.	worn.

EXCEPTION. — **Hear,** *entendre,* **heard, heard.**

Règle 10. — Les verbes en **ade, ape, ave,** forment leur passé régulièrement, et leur participe passé en ajoutant *n* à l'infinitif présent.

Présent.		Passé.	Participe passé.
Grave,	*graver.*	graved.	graven.
Lade,	*charger.*	laded.	laden.
Load,	*charger.*	loaded.	loaden.
Shape,	*former.*	shaped.	shapen.
Shave,	*raser.*	shaved.	shaven.

(1) Voir Règle 5, Remarque No 2, page 49.

Suivent la même règle :

	Présent.		Passé.	Participe passé.
	Wax,	*devenir.*	waxed.	waxen.
	Rive,	*fendre.*	rived.	riven.
	Writhe,	*se tordre.*	writhed.	writhen.
Le verbe	Eat,	*manger.* fait	ate.	eaten.

Règle 11. — Les verbes en **ake** font leur passé en **ook,** et leur participe passé en ajoutant *n* à l'infinitif présent.

	Présent.		Passé.	Participe passé.
	Forsake,	*abandonner.*	forsook.	forsaken.
	Shake,	*secouer.*	shook.	shaken.
	Take,	*prendre.*	took.	taken.
Exceptions. —	**Make,**	*faire.*	**made.**	**made.**
	Awake,	*s'éveiller.*	**awoke.**	**awaked.**

Règle 12. — Les verbes ayant au radical *i* (long) et qui sont terminés par **e** muet changent la lettre *i* en *o* au passé, et ajoutent *n* à l'infinitif présent pour former le participe passé.

Remarque. — La consonne qui suit la lettre *i* se redouble au participe passé, à moins que cette consonne soit *s* ou *v*.

Présent.		Passé.	Participe passé.
Drive,	*conduire, pousser.*	drove.	driven.
Ride,	*aller à cheval.*	rode.	ridden.
Rise,	*se lever.*	rose.	risen.
Shrive,	*se confesser.*	shrove.	shriven.
Smite,	*frapper.*	smote.	smitten.
Stride,	*enjamber.*	strode.	stridden.
Strive,	*s'efforcer.*	strove.	striven.
Thrive,	*prospérer.*	throve.	thriven.
Write,	*écrire.*	wrote.	written.

Exceptions :

Abide,	*séjourner.*	abode.	abode.
Shine,	*briller.*	shone.	shone.

Les cinq verbes suivants font leur passé en *i* bref.

	Présent.		Passé.	Participe passé.
	Bite,	*mordre.*	bit.	bitten.
	Chide.	*gronder.*	chid.	chidden.
	Hide,	*cacher.*	hid.	hidden.
	Light,	*allumer.*	lit.	lit.
	Rive,	*fendre.*	rived.	riven.
Mais	Give,	*donner*, fait	gave.	given.

Règle 13. — Les quatre verbes suivants forment leur passé en changeant la diphtongue du radical en *o* et leur participe passé en ajoutant *n* au passé.

	Présent.		Passé.	Participe passé.
	Choose,	*choisir.*	chose.	chosen.
	Freeze,	*geler.*	froze.	frozen.
	Heave,	*soulever.*	hove.	hoven.
	Weave,	*lisser.*	wove.	woven.

Exception. — Se rapportent à cette règle :

			Passé.	Participe passé.
	Do,	*faire.*	did.	done.
	Go,	*aller.*	went.	gone.
	Fall,	*tomber.*	fell.	fallen.
Le verbe	Come,	*venir.* fait	came.	come.
Ainsi que	Become,	*devenir.*	became.	become.

CHAPITRE VI.

DE L'ADVERBE.

I. — L'adverbe est un mot que l'on joint à un adjectif, à un verbe, ou à un autre adverbe, pour en indiquer les qualités, ou les circonstances de temps, de lieu, de degré, de manière, qui s'y rapportent.

II. — Quelques adverbes, tels que ceux qui expriment une manière d'être ou d'agir, et certains autres ont les trois degrés de comparaison.

III. — Les adverbes, terminés en *ly*, forment leurs comparatifs, en plaçant *more*, et le superlatif en plaçant *most*, devant le positif.

Ex. : Gaiement, *gaily ;* plus gaiement, *more gaily ;* le plus gaiement, *most gaily*.

Certains autres forment leur comparatif et leur superlatif comme les adjectifs monosyllabiques.

Ex. : Tôt, *soon ;* plus tôt, *sooner ;* le plus tôt, *soonest*.

IV. — Les adverbes forment leur superlatif absolu, en plaçant *very* devant le positif.

Ex. : Très gaiement, *very gaily*.

Cependant devant un adverbe au comparatif il faut mettre *much*, ainsi que devant les *six* adverbes suivants :

En haut, *above ;* avant, *before ;* en bas, *below* ; après, *after* ; derrière, *behind* ; dessous, *beneath*.

Ex. : Beaucoup plus gaiement, *much more gaily ;* bien longtemps après cela, *much after that*.

V. — L'adverbe se place :

1° Avant l'adjectif, ou un autre adverbe.

Ex. : Très bon, *very good ;* très bien, *very well*.

2° Après le verbe, dans les temps simples.

Ex. : Il parle bien, *he speaks well*.

3° Après le verbe, ou entre l'auxiliaire et le verbe principal, à un temps composé.

Ex. : Il a écrit vite, *he has written quickly, he has quickly written*.

Remarque — I. — Certains adverbes, comme *always*, *never*, *even*, *often*, *soon*, *quite*, etc..., se placent avant le verbe aux temps simples, et après l'auxiliaire aux temps composés.

II. — Le verbe *to be* est toujours suivi de l'adverbe.

III. — Certains adverbes, surtout les adverbes de lieu, doivent toujours suivre le verbe principal.

(Voir syntaxe chap. VI).

VI. — Deux négations, dans la même phrase, équivalent à une affirmation.

Ex. : Ils ne manquent pas de l'apercevoir, *nor do they not perceive him*.

VII. — L'adverbe de négation *not* se met devant les adjectifs, les verbes et les adverbes ; *no* (aucun) est, le plus souvent, un adjectif, et se place avant les noms, devant l'adjectif indéfini *other*, et devant les adverbes au comparatif : *no better, no worse*, etc.

VIII. — La négation française *non*, employée seule, se traduit en anglais par *no*.

CHAPITRE VII.

DES PRÉPOSITIONS.

Une préposition est un mot qui se met avant un nom, un pronom ou un verbe, pour en marquer les rapports avec les mots qui précèdent.

Remarque. — Ces prépositions sont de deux sortes : *Séparables*, quand elles peuvent être employées seules ; *Inséparables*, quand elles servent à composer un mot. Nous n'avons pas à nous occuper de celles-ci.

LES PRINCIPALES PRÉPOSITIONS SONT :

Above,	en haut.
About,	vers.
After,	selon.
Against,	contre.
Amidst,	au milieu.
Among,	parmi.
Around,	autour de.
At,	à.
Before,	devant.
Behind,	derrière.
Below,	au-dessous de.
Beneath,	au dessous de.
Beside,	à côté de.
Between,	entre.
Beyond,	au delà de.
By,	par-à côté de.
Down,	en bas de.
For,	pour, par.
From,	de (loin de).
In,	dans, sans mouvement.
Into,	dans, entrer dans.
Near,	près de.
Nigh,	près.
Of,	de.
Off,	au loin de, a une distance de.
On,	sur, à.
Over,	sur, par-dessus.
Round,	autour de.
Through,	par, à travers.
Throughout,	à travers, dans tout.
Till,	jusqu'à (temps).
To,	à, jusqu'à.
Towards,	vers.
Under,	sous.
Underneath,	dessous.
Until,	jusqu'à-ce que.
Up,	en haut.
With,	avec.
Within,	en dedans.
Without,	en dehors.

1°. Toute préposition veut le nom, ou pronom, qui la suit, à l'objectif.

Ex. : Ne tourne pas le dos au nécessiteux, *from him that is needy turn not away.*

2°, La préposition *To* veut le verbe qui la suit à l'infinitif.

Ex. : Il l'appela pour ouvrir le portail, *he called him to open the gate.*

3°. Les autres prépositions veulent le verbe au participe présent.

Ex. : En donnant son opinion, *in giving his advice.*

CHAPITRE VIII.

DE LA CONJONCTION.

I. — La conjonction est un mot qui sert à joindre les mots et les phrases.

II. — Toute conjonction veut les noms, ou pronoms qu'elle joint, au même cas, et les verbes au même mode et au même temps. Si le temps ou le mode sont différents, il faut répéter le sujet du verbe.

Ex. : Je le sais et je puis le prouver, *I know it and I can prove it.*

III. — Les conjonctions *if, though*, etc., et autres exprimant un doute, veulent le verbe au subjonctif.

(Cette règle n'est guère observée aujourd'hui).

IV. — **Except** s'emploie devant un nom, ou un pronom, **Unless** devant un verbe.

V. — **But** traduit l'expression *ne... que*, et suppose toujours une négation antérieure, quand il est devant un nom de chose.

But est souvent précédé de *nothing.*

As, like signifient tous les deux *comme ;* mais **Like** se met entre deux noms, que l'on compare.

Ex. : Il ressemble à son père, *he is like his father.*

As se met entre deux verbes, quand on veut comparer deux actions.

Ex. : Vous marchez comme moi, *you walk as I do.*

Cependant, si le second verbe n'est pas exprimé au moins par un auxiliaire, on met *like,* et le second nom sujet du 2e verbe, sous entendu en français, doit être à l'objectif.

Ex. : Vous marchez comme moi, *you walk like me.*

Remarque. — Le premier verbe exprime alors une qualité, une habitude, que l'on compare au second nom.

Une phrase, dans laquelle les deux verbes sont exprimés, n'indique une action déterminée, que lorsque le verbe est à la forme progressive.

Ex. : Vous marchez comme moi, *you are walking as I am* (indique une action) ; vous marchez comme moi, *you walk as I do* (indique une habitude).

Si le premier verbe est à la forme progressive, le second doit être exprimé et se mettre à la même forme.

VII. — **Than** après un comparatif est suivi du nominatif, à moins que le nom ne soit complément d'un verbe.

Ex. : Plus grand que moi, *greater than I.*

CHAPITRE IX.

DE L'INTERJECTION.

I. — L'interjection est un mot qui sert à exprimer les sentiments vifs et subits de notre âme.

II. — L'interjection est invariable.

III. — Les interjections *o! oh! ah!* ordinairement suivies de l'objectif, à moins qu'elles ne soient suivies d'un pronom à la seconde personne. L'objectif est alors régime d'un verbe sous-entendu.

Ex. : Hélas malheureux ! qu'ai-je fait ? *ah me! what have I done?* O ! toi Parnasse ! *oh! thou Parnassus!*

DEUXIÈME PARTIE

SYNTAXE.

I. — La Syntaxe est l'ensemble des règles, qui servent à arranger entre eux les différents mots d'une phrase.

II. — Elle se divise en deux parties : la *Syntaxe d'accord* et la *Syntaxe de régime.*

III. — La Syntaxe d'*accord* comprend les règles de la concordance dans le genre, le nombre, la personne, le cas, qui doit exister entre les différents mots d'une phrase

La Syntaxe de *régime* comprend les règles d'après lesquelles les mots se mettent à tel cas, ou à tel mode, etc., suivant qu'ils sont régis par tel ou tel autre mot.

IV. — La construction logique de toute phrase affirmative anglaise est celle-ci : 1c *Sujet.* — 2° *Verbe.* — 3° *Régime direct.* — 4° *Complément.*

Ex. : Il écrivit une lettre au roi, *he wrote a letter to the bing.*

(Voir exceptions au chapitre du Régime, Chapitre III).

CHAPITRE PREMIER

SYNTAXE D'ACCORD.

§ Ier. — ACCORD DU SUJET ET DU VERBE.

N° 1.

NOMS OU PRONOMS SUJETS.

God is Great.

I. — Tout verbe s'accorde en nombre et en personne avec son sujet.

Ex. : Dieu est grand, *God is great.*

Remarque. — Le sujet ne doit pas être répété comme en français. Ex. : Moi je parle, *I speak.*

Peter and Paul are brothers.

II. — Quand un verbe a deux ou plusieurs sujets, il se met au pluriel.

Ex. : Pierre et Paul sont frères, *Peter and Paul are brothers.*

Remarque. — 1°. Mais si deux noms, ou plusieurs, ne désignent qu'une seule personne, un seul objet, le verbe se met au singulier. Ex. : Voici celui qui est le témoin et l'historien de la scène, *the witness and historian of the scene is here.*

2°. Mais si le verbe a deux ou plusieurs sujets, précédés de *each* ou *every*, il se met au singulier. Ex. : Toutes les villes, tous les villages furent incendiés, *every town and village was burnt.*

3°. Plusieurs sujets de différentes personnes ne se résument jamais comme en français. Ex. : Lui, vous et moi, *nous* sommes amis, *he, you and I are friends.*

John or his brothers are to blame.

III. — Quand il y a plusieurs sujets *singuliers*, unis par des *conjonctions disjonctives*, le verbe se met au singulier. Ex. : Ni Pierre ni Paul n'est ici, *neither Peter nor Paul is here.*

Mais si un des sujets est au pluriel, le verbe doit se mettre au pluriel. Ex. : Jean ou ses frères sont blâmables, *John or his brothers are to blame.*

You, and not I were there.

IV. — Quand il y a deux sujets, et que l'un d'eux est précédé d'une négation, le verbe s'accorde avec l'autre sujet. Ex. : Vous étiez-là et je n'y étais pas, *you and not I were there.*

I am the man who commands you.

V. — Quand un pronom relatif a deux antécédents ne désignant qu'une seule personne, une seule chose, le verbe dont il est le sujet s'accorde le plus souvent avec le dernier nom, mais peut s'accorder avec l'autre.

Ex. : Je suis celui qui vous commande, *I am the man who commands* (ou *command*) *you.*

N° II.

NOM COLLECTIF SUJET.

The rest were Killed.

I. — Quand le sujet est un nom collectif, le verbe se met au *pluriel*, si l'action qu'il exprime peut s'attribuer à tous et à chacun des membres du nom collectif; au *singulier*, si l'action ne peut être attribuée qu'au nom collectif, pris dans son ensemble. Ex. : Une partie s'échappa, le reste fut tué, *some ran away, the rest were killed ;* notre armée fut victorieuse, *our army was victorious.*

N° III

INFINITIF ET PARTICIPES SUJETS.

Walking in the fields is healthy.

I. — L'infinitif ou le participe présent peuvent être sujets, ou attributs d'une proposition. Ils sont alors considérés comme noms singuliers. Ex. : Le promener dans les champs est bon pour la santé, *to walk* ou *walking in the fields is healthy.*

1°. L'infinitif indique une action isolée, et, quoique pris substantivement, il demeure invariable.

2°. Le participe présent exprime une idée de durée, une habitude. Il peut quelquefois prendre l'article défini, se mettre au pluriel et même conserver son complément direct. Ex. : Les disputes de ces enfants ne cessent jamais, *the quarrelings of those children never cease.*

Remarque. — Dans les cas où le participe est précédé de l'article, et qu'il est suivi de son complément, il exprime plutôt une action qu'une habitude.

N° IV.

SUJETS IMPERSONNELS : *On, Il, Ce.*

I. *On, sujet.* — I. — Quand *on* est sujet d'un verbe actif, ce verbe se met au passif et le complément du verbe actif devient le sujet. Ex. : On entendit un bruit, *a noise was heard* (un bruit fut entendu).

II. — Si le verbe n'est pas à la voix active, ou s'il ne peut pas se mettre au passif, *on*, sujet, se traduit par la tournure qui rend le mieux le sens de la phrase. Ex. : On ne doit pas jurer (nous ne devons...), *we must not swear ;* on ne triche pas avec nous (vous ne devez...), *you must not cheat with us.*

Remarque. — On peut encore se servir de *One*, pour exprimer *on*. quand il a un sens tout à fait vague et indéterminé, mais alors aucun pronom ne peut s'y rapporter, et *one* doit être répété chaque fois. Ex. : On fait bien ce que l'on aime à faire, *one does well what one likes to do.*

III. — Quand *on* désigne une ou plusieurs personnes déterminées, il se traduit par le pronom personnel, s'accordant en nombre et en genre avec ces personnes. Ex. : On (ils) m'a dit, *they told me.*

IV. — Quand *on* ne désigne qu'une personne *inconnue,* il se traduit par *some one, somebody* (quelqu'un, etc.) ou *any one,* dans les interrogations.

Ex. : On appelle, *somebody is calling ;* a-t-on appelé ? *has any body called ?*

II. *Il sujet.* — I. — Quand *il* sujet se rapporte à un nom déjà exprimé, il se traduit par le pronom personnel, s'accordant en genre, en nombre, et en personne, avec ce nom. Ex. : Il vint hier au soir, *he came last night.*

II. — Quand *il* sujet ne se rapporte pas à un nom déjà exprimé, il se traduit par *it* (neutre). Ex. : Il pleut, *it rains ;* il peut se faire, *it may happen.*

Remarque. — Quand un adjectif possessif se trouve dans une phrase. qui a *il* impersonnel pour sujet, cet adjectif se traduit par *one's*. Ex. : Il est quelquefois dur de vivre avec ses parents, *it is sometimes hard to live with one's relations.*

III. — Dans les locutions françaises *il y a.. il y avait.. il est.. il était..* etc., etc.. *il* se traduit par l'adverbe *there,* l'*y* disparait et le verbe se rend par le verbe *To Be,* qui s'accorde en nombre avec le nom qui le suit. Ex. : Au centre il y avait un arbre, *there was a tree in the middle ;* il y avait trois hommes, *there were three men.*

Remarque. — Cependant, *il y a*, employé pour exprimer le temps passé, se rend plus ordinairement par *it is*, et le verbe reste toujours au singulier, mais peut se mettre au temps indiqué. Ex. : Il y a trois ans que..., *it is three years since..*; il y avait trois ans que..., *it was three years since...*

IV. — *Il*, suivi du verbe *falloir*, suit la seconde règle régissant *on* sujet, et se rend par le mot qui exprime le mieux le sens de la phrase.

Ex. : Il faut travailler (nous devons), *we must work.*

III. *Ce, sujet.* — I. — *Ce*, se rapportant à un nom déjà exprimé, se rend par le pronom personnel, s'accordant avec ce nom.

Ex. : C'est un bon garçon, *he is a good fellow.*

II. — *Ce*, ne se rapportant pas à un nom déjà exprimé, se traduit par *it*, et le verbe qui le suit reste toujours au singulier, mais se met au temps indiqué.

Ex. : C'était au mois de décembre, *it was in december*; Ce sont vos amis qui me l'ont dit, *it is your friends who told me that.*

§ II. — ACCORD DE L'ATTRIBUT ET DU SUJET.

N° I.

DE L'ATTRIBUT.

I am he.

I. — L'attribut se met au même cas que son sujet et s'accorde avec lui en genre et en nombre, après le verbe *to Be*, les verbes passifs et neutres, et les verbes qui signifient *nommer*, etc.

Ex. : Je suis celui que vous cherchez, *I am he whom you are looking for*; les Hottentots sont des hommes noirs, *Hottentots are black men.*

Peter and John were thieves.

II. — S'il y a plusieurs sujets, le nom attribut qui s'y rapporte se met au pluriel. De même, si le sujet est un adjectif pris substantivement, le nom attribut doit être au pluriel.

Ex. : Pierre et Jean étaient voleurs, *Peter and John were thieves ;* les riches sont heureux, *the rich are happy men.*

I was a child

III. — Quand l'attribut exprime l'état, la nationalité, la religion. etc., il doit être précédé d'un article, quand il est au singulier.

Ex. : C'est un français, *he is a french man ;* j'étais enfant, *I was a child.*

Note. — 1. Si l'attribut est un adjectif, il demeure invariable

2. Si le sujet est un nom collectif, l'attribut se met au pluriel, s'il peut se rapporter à chacun des nombres du nom collectif ; au singulier, si on le fait rapporter au nom collectif pris dans son ensemble.

Ex. : Le reste se composait d'hommes choisis, *the rest were chosen men.*

N° II.

APPOSITION.

I. — On appelle *apposition* un nom ou une proposition incomplète, qni sert à qualifier le sujet ou l'attribut.

Ex. : Paul, l'apôtre, confondit le magicien du Proconsul, *Paul, the apostle, confounded the Proconsul's magician.*

II. — Le nom mis en apposition suit les règles des compléments, et doit toujours être précédé d'un article, à moins qu'il ne soit un nom de titre.

Ex. : Platon le philosophe, *Plato the philosopher ;* Victoria, reine d'Angleterre, *Victoria, queen of England.*

Remarque. — Accord des noms de titres. Monsieur, en parlant d'un homme, se traduit par *Mister* (abréviation Mr) ; en parlant d'un enfant, ou adolescent, par *Master* (sans abréviation) ; en parlant à quelqu'un, toujours par *Sir.*

Madame, en parlant d'une dame, se traduit par *Mistress* (abréviation Mrs) (1) ; en parlant à une dame, par *Madam*

(1) Prononcez *Missis.*

Mademoiselle, soit en parlant à une demoiselle, soit en parlant d'elle, se traduit par *Miss* (sans abréviation).

Les noms de titres forment leur pluriel suivant les règles des noms ordinaires (excepté *Mr* qui fait *Messieurs*). Mais le pluriel n'est pas toujours employé dans la conversation. Ainsi, dans la conversation, les noms de titres *Mr* et *Miss* restent au singulier et les noms propres se mettent au pluriel.

Ex. : Les demoiselles Wilson, *the Miss Wilsons ;* les Messieurs Wilson, *the Mr Wilsons.*

Quand on écrit, les noms de titres doivent être au pluriel, et les noms propres au singulier.

Ex. : Les demoiselles Wilson, *the Misses Wilson ;* les Messieurs Wilson, *the Messieurs Wilson.*

Mais, s'il s'agit de personnes mariés, c'est toujours le nom propre qui se met au pluriel.

Ex. : Les dames Wilson, *the Mrs Wilsons.*

SYNTAXE DE RÉGIME.

CHAPITRE PREMIER.

COMPLÉMENT DU NOM.

No I.

EMPLOI DES FORMES.

Comme il est dit au chapitre du nom (chap. I, § 3), le complément du nom, marqué en français par la préposition *de*, se rend en anglais de deux manières différentes, suivant qu'il y a rapport de dépendance, ou rapport de possession proprement dite, en traduisant littéralement la phrase française, et *de* par *of*, ou par la 2e forme possessive.

(Voir grammaire chap. I, page 4).

The gardener of the castle.

II. — La première forme du possessif peut être employée pour traduire soit un rapport de dépendance, soit un rapport de possession. Ainsi, l'on peut dire :

Le jardinier du château, *the gardener of the castle ;* le livre de Paul, *the book of Paul* aussi bien que *Paul's book.*

John's house.

III. — La seconde forme n'est guère employée que pour exprimer la possession et dans certaines locutions admises par l'usage.

Ex. : La maison de Jean, *John's house ;* une heure de marche, *an hour's walk.*

Remarque. — 1°. Cette forme peut être employée en prose, quand le nom possesseur est un objet personnifié, et en poésie.

Ex. : L'orgueil de l'Armada et les dépouilles de Trafalgar, *the Armada's pride and the spoils of Trafalgar.*

Souvent à la tombée de la nuit, *oft' at evening's close.*

2°. Quand le complément est un nom de lieu, ville, pays, etc., la préposition *de* se traduit ordinairement par *in* dans :

Ex. : La plus jolie ville de France, *the prettiest town in France.*

The pupil's composing.

IV. — Le participe présent, employé comme substantif, veut le nom, qui est son complément, à la seconde forme, quand ce participe exprime l'action du nom possesseur.

Ex. : Beaucoup dépend de la composition de l'élève, *much depends on the pupil's composing.*

It is time to read.

V. — L'infinitif, complément du nom ou de l'adjectif, se traduit :

1° par l'infinitif, précédé de la préposition *to.*

Ex. : Il est temps de lire, *it is time to read.*

2° par la préposition *of,* suivie du participe présent, si le nom est déterminé.

Ex. : C'est le temps de lire, *it is the time of reading.*

Remarque. — Le participe alors semble indiquer plutôt une habitude qu'une action isolée.

3° par la préposition *for,* suivi du participe présent ; mais alors le participe attribue une idée de convenance, d'aptitude, au nom ou à l'adjectif, dont il est le complément.

Ex. : C'est le... *ou...* un temps pour lire, *it is the* ou *a time for reading ;* (sous-entendu, *fixed*, fixé pour lire).

A silk gown.

VI. — *A... de... en* entre deux noms ne se traduisent pas par le possessif en anglais quand ils expriment : 1° la matière dont le premier nom est fait ; 2° son emploi ; 3° sa position ; 4° le temps auquel il appartient. Le second devient alors adjectif, se place avant le premier, et demeure invariable.

Ex. : Une robe de soie, *a silk gown ;* la table de la cuisine, *the kitchen table ;* le train de six heures, *the six o'clock train ;* un billet de banque de cinq livres, *a five pound bank note.*

Remarque. — Mais il faut employer la première forme du possessif devant le nom de matière : 1° quand le premier nom marque une quantité, et non un objet. Ex. : Un morceau de pain, *a bit of bread* ; 2° quand c'est surtout dans le nom de matière que réside l'idée principale.
Ex. : Un lit de roses, *a bed of roses.*

N° II.

CONSTRUCTION DE LA SECONDE FORME.

The duke of Wellington's statue.

I. — Quand un nom, complément d'un autre nom, est composé de plusieurs mots, c'est après le dernier mot que se place l'*s* de la seconde forme du possessif.

Ex. : La statue du duc de Wellington, *the duke of Wellington's statue.*

Plato the philosopher's opinion.

II. — Si un nom seul est mis en apposition après un autre nom, c'est après l'apposition qu'on place l'*s*.

Ex. : L'opinion de Platon le philosophe, *Plato the philosopher's opinion.*

Doctor Knight's the bishop.

III. — Mais si après un *nom propre* une phrase explicative indique l'état, la profession, etc., c'est après le nom propre que se place l'*s*.

Ex. : Ceci est à Monseigneur Knight, évêque de Shrewsbury, *this is doctor Knight's, the bishop of Shrewsbury.*

Remarque. — Mais si une phrase explicative ou plusieurs adjectifs séparent le nom possesseur de l'autre nom, dont il est le complément, il faut employer la première forme du possessif.

Ex. : L'avis de Paul, le héros chrétien, l'apôtre des Gentils, *the advise of Paul, the christian hero, the apostle of the Gentiles.*

Mais on ne dit pas : *Paul's the christian*, etc., *ni : Paul's advice the*, etc.

John, William and Mary's uncle.

IV. — Quand un seul objet est possédé conjointement par plusieurs possesseurs, c'est après le dernier nom que se met l'*s*.

Ex. : Cet homme est l'oncle de Jean, de Guillaume et de Marie, *this man is John, William and Mary's uncle.*

The emperor's and the king's forces.

V. — Quand on parle de plusieurs objets, possédés par différents possesseurs, alors même qu'en français, ces objets seraient exprimés par un nom au singulier, l'*s* doit suivre chacun des noms possesseurs.

Ex. : Les troupes de l'empereur et celles du roi, *the emperor's and the king's forces.*

Remarque. — De même qu'en français, si chaque nom ne possède qu'un seul objet, avec la 2e forme du possessif, le nom de l'objet possédé doit être au singulier en anglais.

Ex. : La grammaire de Pierre et celle de Paul, *Peter's and Paul's grammar.* Le pluriel indiquerait que chaque sujet possède plusieurs objets.

The distress of the king's son.

VI. — Il faut éviter d'employer plusieurs fois de suite la même forme du possessif. Cependant on peut employer la première deux fois de suite.

Ex. : La grandeur de la détresse du fils du roi, *the severe distress of the king's son,* et non *the severity of the distress of the son of the king,* ni *the king's son's severe distress.*

A picture of my brother's.

VII. — Lorsque le possesseur possède plusieurs objets de la même espèce, et qu'on ne parle que d'un seul de ses objets, pour traduire *un des, un de ses*, etc., il faut employer les deux formes du possessif.

Ex. : Un des portraits de mon frère, *a picture of my brother's* (appartenant à mon frère).

2e Ex. : Un portrait de mon frère, *a picture of my brother.*

For conscience' sake.

VIII. — S'il y a trop de sifflantes dans le nom possesseur au singulier, on se contente de mettre l'apostrophe sans l'*s*.

Ex. : En conscience, *for conscience' sake.* Après les noms terminés en *ge* on supprime l'*s* : une aile de perdrix, *a pàrtridge' wing.*

Remarque. — On le supprime rarement, quand la dernière syllabe du nom possesseur est accentuée.

At my friend's.

IX. — Après les noms possesseurs, on sous-entend les mots maison, *house ;* boutique, *shop ;* église, *church*, etc.

Cette construction traduit souvent la préposition française *chez*.

Ex. : J'ai laissé un paquet chez mon ami, *I left a parcel at my friend's* (sous-entendu *house*) ; après St-Pierre, St-Paul est la plus grande église, *St Paul's is the largest church after St Peter's.*

CHAPITRE II.

DE L'ARTICLE.

Comme nous l'avons dit, il y a en anglais deux articles. L'article indéfini et l'article défini.

Tout nom employé sans article doit être pris dans son acception la plus absolue.

§ Ier DE L'ARTICLE INDÉFINI.

N° I.

DE SES FORMES.

Article A.

L'article indéfini a deux formes : *an* et *a*.

I. — *A* se place devant les mots commençant par une consonne.

Ex. : Un château, *a castle.*

II. — *A* se place devant les mots commençant par la lettre *u*, ayant le son anglais (iou) et devant toute diphtongue, ayant le même son.

Ex. : Une unité, *a unit ;* un européen, *a european.*

III. — *A* se place devant les lettres *w, o,* ayant le son de *ou* français et encore devant *y* initial.

Ex. : Une merveille, *a wonder ;* un tel, *such a one ;* une année, *a year.*

IV. — *A* se place plus ordinairement devant une *h* aspirée quand l'accent est sur la première syllabe du mot.

Ex. : Une histoire, *a history* (voir règle VII).

Toute *h* est aspirée en anglais excepté dans les mots indiqués à la règle VI.

Article An.

V. — *An* se place devant les mots commençant par une voyelle, (sont exceptés ceux en *u, w, o, y,* etc).

Ex. : *An excellent man.*

VI. — *An* se place devant les noms suivants et leurs dérivés, l'*h* initiale n'étant pas aspirée.

Heir, héritier.	*Herb*, herbe.
Honest, honnête.	*Hostler*, hôtelier, garçon d'écurie.
Honour, honneur.	*Hour*, heure.
Hospital, hôpital.	*Humble*, humble

VII. — *An* se place devant *h* aspirée, si l'accent n'est pas sur la première syllabe du mot.

Ex. : Un fait historique, *an historical fact*.

N° II.

EMPLOI DE L'ARTICLE INDÉFINI.

I. — Emploi de l'article.

An, a ne peuvent être placés que devant un mot singulier.

Cependant on les emploie devant les noms qui sont pluriels, quant à l'orthographe, et qui n'expriment qu'un objet, qu'une chose.

Ex. : Une aumône, *an alms ;* des assises, *an assizes*.

II. — *An, a* s'emploient devant un nom mis en apposition, ou servant à marquer la nationalité, la profession, etc. d'une personne, et encore devant un nom attribut.

Ex. : Le paradis perdu, poëme épique, *paradise lost, an epic poem ;* c'est un français, *he is a french man ;* votre frère est général, *your brother is a general*.

Exception — Si le nom placé en apposition est un nom de titre, il ne prend pas l'article (voir règle 14, parag. 2).

III. — *A*, est employé devant les adjectifs numéraux *hundred, thousand, million*. Mais si ces adjectifs sont suivis d'un autre nom de nombre, ils sont plus correctement précédés de l'adjectif numéral *one*.

Ex. : Mille hommes, *a thousand men ;* 1500 hommes, *one thousand five hundred men*.

IV. — *An, a* se mettent encore devant les adjectifs ou pronoms : *Few, great many, whole, little, other*.

Ex. : Un grand nombre de soldats, *a great many soldiers*.

Remarque. — Comme en français, l'article donne à *Few* (peu) un sens positif ; *few* sans l'article a un sens privatif.

Ex. : Il a peu d'amis, *he has few friends ;* il a (un peu) quelques amis, *he has a few friends.*

V. — *An, a* s'emploient quelquefois pour traduire l'article *défini français.* Cela arrive :

1° Quand le nom, précédé en français de *le, la, les,* ne représente pas une personne ou un objet déterminé.

Ex. : L'enfant pleure facilement, *a child cries easily.*

2° Devant les noms de quantité ou de poids, quand on désigne le prix des objets, ou du temps durant lequel se fait une action.

Ex. : 3 francs la livre, *3 francs a pound ;* une livre l'heure, *one pound an hour.*

3° Devant les noms des membres dans les descriptions.

Ex. : Il avait le nez long, *he had a long nose.*

N° III.

SUPPRESSION DE L'ARTICLE.

I. — Mais on n'emploiera pas l'article indéfini devant les noms de choses abstraites, ou devant un nom quelconque qui n'est pas employé au pluriel.

Ex. : Vous avez une grande prudence, *you have great prudence.*

Mais si ces noms sont suivis d'un complément ils prennent l'article.

Ex. : C'est une science qu'il vaut la peine d'acquérir, *this is a science that is worth acquiring.*

II. — De même on n'emploie jamais l'article indéfini devant les noms propres, à moins que le nom propre ne marque une qualité, ou ne soit employé pour indiquer la famille à laquelle une personne appartient.

Ex. : C'est un véritable Démosthène, *he is a real Demosthenes ;* c'est un Bourbon, *he is a Bourbon.*

III. — *An, a* se suppriment après l'adjectif indéfini *no.*

Ex. : Aucun homme ne peut faire cela, *no man can do that.*

N° IV.

PLACE DE L'ARTICLE.

I. — *An, a* précèdent le nom ou l'adjectif qui s'y rapporte.

Ex. : Une bonne action, *a good action.*

Mais *an, a* se placent après l'adjectif, si l'adjectif est précédé de *as, so, too.*

Ex. : Une si bonne action, *so good an action.*

III. — *An, a* se placent encore après *many, half, such, what* (exclamation).

Ex. : Bien des fois, *many a time ;* Un tel voleur, quel menteur ! *such a thief, what a liar !*

Remarque. — Cependant le mot *half* est précédé de l'article, s'il est employé substantivement.

Ex. : Voilà une moitié, *here is a half*; deux heures et demi, *two hours and a half.*

Mais *half* ne prend pas l'article, s'il est suivi de *past.*

Ex. : Neuf heures et demi, *half past nine.*

N° V.

RÉPÉTITION DE L'ARTICLE.

I. — Il n'est pas nécessaire de répéter l'article devant plusieurs noms singuliers.

Ex. : Une aiguille et un dé, *a needle and thimble.*

II. — Mais il faut répéter l'article devant chaque nom, pour indiquer deux personnes, deux objets différents. quand les noms peuvent désigner une seule personne, un seul objet.

Ex. : Un secrétaire et un trésorier, *a secretary and a treasurer,* tandis que *a secretary and treasurer* ne désigne qu'une seule personne.

III. — Il faut encore répéter l'article devant chaque nom, quand un des noms est précédé d'un adjectif qui ne se rapporte qu'à ce nom seulement.

Ex. : Une table haute et une chaise, *a high table and a chair,* tandis que : *a high table and chair* indiquerait une table et une chaise hautes.

IV. — On ne répète pas l'article devant plusieurs adjectifs modifiant un nom.

Ex. : Un drapeau rouge et bleu *a red and blue flag.*

Mais si ces adjectifs se rapportent à des objets différents, désignés par le nom, il faut mettre l'article devant chaque adjectif.

Ex. : Un drapeau rouge et un drapeau bleu, *a red and a blue flag.*

V. — On répète l'article devant chaque nom, quand ils prennent chacun une différente forme d'article.

Ex. : *A man and an elephant.*

NOTE. — Mais devant deux adjectifs on se contente de mettre l'article une fois, à moins que les adjectifs ne se rapportent à des noms différents. (Voir règle IV).

VI. — On répète l'article, quand les noms sont séparés par une conjonction disjonctive.

Ex. — Il est habile, mais fourbe, *he is a clever man, but a knave.*

VII. — L'article se répète devant le dernier nom, quand un substantif mis en exclamation est suivi d'un autre nom, joint au premier par la préposition *of.*

Ex. : Quel coquin de domestique ! *what a rascal of a servant !*

Si le second nom désigne une classe, etc., on ne répète pas l'article.

REMARQUE. — L'article répété, quand il y a comparaison entre deux noms, fait du second le sujet du verbe suivant exprimé ou sous-entendu et change ainsi le sens de la phrase.

Ex. : Il est meilleur soldat que ne le serait un savant, *he is a better soldier than a scholar* (*would be s. e.*) ; il est meilleur soldat qu'il n'est savant, *he is better soldier than scholar.*

REMARQUE GÉNÉRALE. — L'adjectif numéral *one* n'est employé que pour compter ou pour attirer l'attention sur l'unité du nom.

Ex. : Il n'y a qu'un seul Dieu, *there is but one God.*

EXCEPTION. — Un jour, une fois, *one day ;* un dimanche, *one sunday*, etc.

§ II. — DE L'ARTICLE DÉFINI.

I. — L'article défini en anglais est *the*. Il est toujours invariable. Cet article restreint l'acception du nom qu'il précède. Il se met :

1°. Devant un ou plusieurs noms déterminés ou connus;

2°. Devant un nom singulier désignant toute une espèce ou classe d'objets ou d'individus.

Ex. : Le livre que vous lisez, *the book you are reading*.

Remarque. — Un nom peut être déterminé soit par le sens de la phrase, soit par un complément.

1°. Quand un nom est déterminé par le sens de la phrase, il est supposé connu.

Ex. : Le livre que vous m'avez donné, *the book that you have given me*.

2°. Quand il est représenté comme présent, soit en réalité, soit dans la seule imagination de celui qui parle ; ainsi l'on dirait :

Ex. : Les jours diminuent et les feuilles tombent des arbres, *the days are getting shorter*, *the leaves are falling from the trees*, parce qu'ici l'on parle des jours de la saison actuelle, desarbres qu'on a devant soi, etc...

Pour reconnaître si un nom est restreint dans son acception, il suffit de se poser cette question, *lequel*, *laquelle*, etc..., en ayant soin d'y comprendre l'adjectif s'il s'en trouve un joint au nom.

Ex. : *La vertu est aimable*, Quelle vertu ? La vertu en général. — Point d'article, car le nom n'est point déterminé.

Au contraire : *Les vertus des héros de l'antiquité*, — il faut l'article devant *vertus* et *héros*, parce que chacun de ces noms a un complément qui le détermine, — mais non devant *antiquité* en vertu de la règle 1re N° I.

II. — Tous les noms, pris dans un sens restreint ou déterminé, prennent l'article, mais ceux-là seulement.

N° I.

SUPPRESSION DE L'ARTICLE.

On ne doit pas mettre l'article :

1°. Devant les noms de choses abstraites.

Ex. : La vie et la mort, *life and death*.

Ainsi il ne faut pas mettre l'article devant les noms des différentes branches de connaissances, *arts, sciences, langues, vertus, vices,* etc.

Ex. : Il étudie l'histoire, *he studies history ;* Il parle français, *he speaks french.*

2°. Devant les noms collectifs désignant une abstraction, une idée générale, comme aristocratie, *aristocracy ;* démocratie, *démocracy ;* l'espèce humaine, *mankind ;* société, *society.*

Devant les noms *government* et *parliament* (dans le sens d'administration) et devant le mot bétail, *cattle.*

Exception. — Le mot *public* prend toujours l'article, quand il est substantif.

3°. — Devant les noms pluriels, ne représentant pas des objets déterminés, et qui ne désignent pas toute une classe, une catégorie, etc., prise dans son ensemble, mais plutôt une certaine généralité des êtres qui composent la classe, la catégorie, etc.

Ex. : Les oiseaux volent plus haut que les mouches, *birds fly higher than flies.*

4°. Devant les noms de matières ou de substances, dont le pluriel ne représente pas des objets pouvant se compter.

Ex. : L'eau est nécessaire à l'homme, *water is necessary to man.*

5°. Devant les noms de couleurs pris substantivement.

Ex. : Le bleu, le blanc et le rouge sont les couleurs de la France, *blue, white and red are the colours of France.*

6°. Devant les noms des saisons.

Ex. : Le printemps arrive, *spring is coming.*

7°. Devant les noms des quatre éléments.

Ex. : L'eau est aussi redoutable que le feu, *water is as dreadful as fire.*

Remarque. — Cependant les mots *air* signifiant l'espace au-dessus de nos têtes, et *earth* la terre, la planète ou le monde, prennent toujours l'article.

Ex. : Il s'envola dans les airs, *he flew up into the air.*

8°. Devant les noms de maladies désignées par un terme général.

Ex. : Il mourut de la fièvre, *he died of fever.*

9°. Devant le nom de l'objet possédé dans la seconde forme du cas possessif.

Ex. : Le jardin du fermier, *the farmer's garden.*

10°. Devant les noms propres de personnes au singulier.

Le Tasse, *Tasso ;* le Dante, *Dante.*

Exceptions. — 1°. Si ces noms sont employés comme substantifs pour désigner une qualité, etc..., et suivis de la préposition de, *of.*

Ex. : Le Diogène de nos temps, *the Diogenes of our times.*

2°. S'ils sont accompagnés d'un adjectif ou d'un nom et d'un adjectif.

Ex. : Comme disait le grand O'Connell, *as the great O'Connell said.*

Mais, si l'adjectif et le nom sont employés comme un surnom ou sobriquet, on ne met pas l'article.

Ex. : Petit Jean, *Little Jack* ; Jean le rusé, *Foxy Jack.*

11°. Devant les noms propres en général au singulier et des continents pris seuls ; devant les noms de montagnes, caps, lacs, même précédés d'un nom commun.

Ex. : Le Mont Rosa, *Mount Rosa ;* le Cap Horn, *Cape Horn ;* le lac Ontario, *Lake Ontario.*

12°. Devant les noms de titres, même quand ils sont mis en apposition et suivis de la préposition *of.*

Ex. : Le roi Georges, *king Georges ;* Victoria, reine d'Angleterre, *Victoria, queen of England.*

Exception — 1°. S'ils sont pris substantivement (et quelquefois quand ils sont précédés d'un adjectif), ils prennent l'article.

Ex. : Le roi était là. *the king was there ;* le vieux roi était aveugle, *the old king was blind.*

2°. Les noms suivants prennent l'article.

Duc, duchesse. *duke, duchess ;* archiduc, *archduke, duchess ;* marquis, marquise, *marquis, marchiones ;* empereur, impératrice, *emperor, empress ;* czar, *czar, czarina ;* comte *earl*, comtesse, *countess.*

Remarque. — Mais les noms compris dans ces deux exceptions ne prennent pas l'article, quand ils sont mis en apposition.

13°. Devant les mots *church, school, market, town, table, sea,* désignant l'endroit où l'on est, d'où l'on vient, où l'on va.

Ex. : A l'église avec, etc, *at church with, etc.*

14°. Devant les mots années, mois, etc., précédés de dernier, *last ;* prochain, *next.*

Ex. : L'année prochaine, *next year.*

Exception. — Mais si *last* et *next* ne se rapportent pas aux années, mois, etc,, précédant et suivant le temps où l'on est, ils prennent l'article.

Ex. : Mais l'année suivante, etc., *but, the next year, he, etc.*

N° II.

EMPLOI DE L'ARTICLE.

On mettra l'article :

1°. Devant tout nom même de chose abstraite, suivi d'un complément ou pris dans un sens déterminé.

Ex. : La vie de l'homme. *the life of man.*

Devant les noms seuls de leur espèce.

Ex. : Le soleil est adoré par quelques nations, *the sun is adored by some nations ;* O'Connell, le grand agitateur, *O'Connell, the great agitator.*

Exception. — Les mots purgatoire, *purgatory ;* enfer, *hell ;* ciel, *heaven,* pris dans un sens religieux, ne prennent pas l'article, mais le pluriel firmament, *heavens,* le prend toujours.

2°. Devant les noms pluriels, désignant toute une classe, une catégorie, etc. et la représentant dans son ensemble et comme un seul objet.

Ex. : Les arts et les sciences, *the arts and sciences* (l'ensemble des, etc.).

3°. Devant les noms singuliers, désignant toute la classe, l'espèce, etc., des individus dont on parle.

Ex. : Le lion est le roi des animaux, *the lion is the king of animals.*

Exception. — *Man* et *Woman* pris dans ce sens ne prennent pas l'article.

4°. Devant les adjectifs pris substantivement.

Ex. : Heureux sont les pauvres, *blessed are the poor.*

5°. Devant les superlatifs de comparaison.

Ex. : L'arbre le plus haut, *the highest tree.*

6°. Devant les nombres ordinaux.

Ex. : Richard III, *Richard the third.*

7°. Devant les noms des quatre points cardinaux.

Ex. : Il souffle du nord, *It is blowing from the north.*

Exception. — Cependant on supprime souvent l'article devant ces noms, quand ils sont employés comme adverbes pour marquer la direction : *going north,* allant vers le nord.

8°. Devant les noms des différentes espèces de maladies.

Ex. : La fièvre jaune, *the yellow fever ;* la rougeole, *the measles.*

9°. Devant *body, mind, soul,* en parlant du corps et de l'âme de l'homme.

Ex. : Le corps est ruiné par le vice, *the body is ruined by vice.*

10°. Devant les noms propres de personnes au pluriel.

Ex. : Les deux Scipions, *the two Scipios.*

Exception. — Mais, si ces noms indiquent une qualité et non des personnes, ils ne prennent pas l'article, à moins qu'ils ne soient au singulier.

Ex. : Ils étaient des Alexandres modernes, *they were modern Alexanders.*

11°. Devant les noms de chaînes de montagnes, de rivières, de fleuves et de mers.

Ex. : Les Alpes, *the Alps ;* le Danube, *the Danube,* et souvent devant les noms *the Crimea, the Hague, the Archipelago, the Morea, the Havanah.*

12°. Devant les noms de peuples.

Ex. : Les Français, *the French.*

13°. On peut mettre l'article, ou on peut ne pas le mettre devant les noms précédés d'un adjectif déterminatif, qui peut se tourner par un complément, sans changer le sens de la phrase.

Ex. : La sagesse de Dieu, *the divine* ou *divine Wisdom.*

14°. On peut mettre l'article défini ou on peut ne pas le mettre devant les noms des facultés de l'esprit et des sens.

Ex. : La vue est chose précieuse, *sight, the sight is precious.*

Remarque. — Les pronoms peu, *little ;* petit nombre, *few ;* autre, *other ;* entier, *whole,* même employés seuls, peuvent quelquefois prendre l'article.

N° III.

PLACE ET RÉPÉTITION DE L'ARTICLE DÉFINI.

1°. L'article défini se place devant le nom ou l'adjectif qui se rapporte au nom.

Ex. : Le lion, *the lion ;* le joli chien, *the handsome dog.*

Exceptions. — Cependant il se place après les pronoms ou adjectifs *all, both, either, neither,* et tout adjectif précédé de l'adverbe *however,* quelque.

2°. Dans une énumération, l'article ne s'emploie que devant le premier nom.

Ex. : Les tables, les chaises et les meubles, *the tables, chairs and furniture.*

Exceptions. — Quand on veut insister sur chaque nom, et dans les antithèses, on répète l'article devant chaque nom.

Ex. : La grandeur et la petitesse que nous découvrons dans l'homme, *the greatness and the littleness in man.*

3°. Quand deux noms désignent une même personne, l'article ne se met que devant le premier ; mais s'ils désignent deux personnes différentes, il faut mettre l'article devant chaque nom.

Ex. : Le secrétaire et trésorier, *the secretary and treasurer ;* le secrétaire et le trésorier, *the secretary and the treasurer.*

4°. L'article ne se met que devant le premier adjectif, quand plusieurs adjectifs se rapportent à un seul et même nom.

Ex. : Le drapeau rouge et bleu, *the red and blue flag.*

Exception. — Mais, si ces adjectifs se rapportent à deux objets différents désignés par le même mot, il faut répéter l'article.

Ex. : Le drapeau rouge et le drapeau bleu, *the red and the blue flag.*

5°. L'article se répète toujours devant les adjectifs : *former... latter ; first... last :* le premier... le dernier.

Ex. : Si le premier le dit, le dernier le fit, *if the former said it, the latter did it.*

CHAPITRE III.

DE L'ADJECTIF.

§ Ier. — DE L'ACCORD ET DE LA PLACE DE L'ADJECTIF.

N° I.

DE L'ACCORD DE L'ADJECTIF.

A thousand years their cloudy wings.

I. — En anglais, l'adjectif est invariable.

Ex. : Mille ans étendent autour de moi leurs ailes nébuleuses, *a thousand years their cloudy wings expand.*

II. — Les adjectifs et les participes pris substantivement demeurent invariables. Les adjectifs et les participes pris substantivement sont de deux sortes.

a) Les adjectifs qui désignent une classe, une catégorie, comme :

Les riches, les pauvres, *the rich, the poor,* doivent être précédés de l'article défini et désignent nécessairement toute la classe ou la catégorie.

Ex. : Oui ! laissons les riches railler et les orgueilleux dédaigner, *Yes ! let the rich deride, the proud disdain etc.*

b) Les adjectifs qui désignent une qualité prise substantivement : le bien, *good ;* le mal, *evil,* etc. Ces adjectifs ne prennent l'article que s'ils sont déterminés.

Ex. : Mal, sois le bien pour moi, *evil, be thou my good* ; le mal que font les hommes demeure après leur mort, *the evil, that men do, lives after them ;* le bien qu'ils font est souvent enterré avec leurs os, *the good is oft interred with their bones.*

Remarque. — 1°. Mais, si l'adjectif désigne un objet matériel, il faut l'article défini.

Ex. : Affronter l'Océan (la profondeur) éloigné, *to face the distant deep.*

2°. *Goods, sweets,* etc., sont de vrais substantifs et n'ont pas le même sens que l'adjectif.

Amidst thy tangling walks.

III. — Les participes employés comme adjectifs sont invariables.

Ex. : Dans tes sentiers embarrassés et tes terres ruinées, *amidst thy tangling walks, thy ruined grounds.*

The garland forest.

IV. — Les substantifs employés comme adjectifs sont encore invariables.

Ex. : Les forêts de guirlandes qui couvrent les murs grisâtres, *the garland forest which the gray walls wear.*

Thine are those charms.

V. — Cependant les adjectifs démonstratifs s'accordent en nombre avec les noms qu'ils déterminent.

Ex. : Tu jouis de ces charmes qui éblouissent et rendent chers, *thine are those charms that dazzle and endear.*

REMARQUE. — Ils peuvent se mettre au singulier ou au pluriel devant les noms qui n'ont pas de singulier, suivant qu'on attribue à ces noms un sens singulier ou un sens pluriel.

Ex. : Par ce moyen, *by this means*; par ces moyens, *by these means.*

Guiltless of is country's blood.

VI. — Les adjectifs possessifs ne s'accordent jamais avec le nom de l'objet possédé, mais ils s'accordent en nombre avec les noms possesseurs à toutes les personnes, et en nombre et en genre à la troisième personne du singulier.

Ex. : Un Cromwell innocent du sang de sa patrie, *some Cromwell guiltless of his country's blood.*

I turned... to thousands.

VII. — Les adjectifs numéraux *ten, hundred, thousand,* etc., employés substantivement, prennent un *s* au pluriel.

Ex. : Je me tournais vers toi, vers des milliers, *I turned to thee, to thousands, etc.*

N° II.

PLACE DE L'ADJECTIF.

Sweet Auburn, loveliest village.

I. — L'adjectif se place ordinairement avant le nom qu'il qualifie ou détermine.

Ex. : Doux Auburn, le plus aimable village de la plaine, *sweet Auburn, loveliest village of the plain.*

To the body politic.

II. — L'adjectif peut se placer après le nom dans certaines expressions techniques ou emphatiques.

Ex. : Mais n'ajoutait pas de force au corps politique, *but added no strength to the body politic.*

But worse than..... ages slow.

III. — L'adjectif peut se placer après le nom en poésie.

Ex. : Mais son sceptre terrible et son cruel pouvoir sont pires que l'acier, la flamme et les lents cours des siècles, *But worse than steel and flame and ages slow,*
Is the dread sceptre and domination dire.

Maxims contrary to the first.

IV. — Cependant l'adjectif doit se placer après le nom, quand il est accompagné d'un complément dont il ne peut pas se séparer.

Ex. : Des maximes contraires aux premières, *Maxims contrary to the first.*

REMARQUE. — *a)* Cette construction a surtout lieu lorsqu'il y a plusieurs adjectifs ; alors celui qui est suivi du complément se place seul après, et est joint au nom par la conjonction *and*.

Ex. : Un homme bon, aimable et honnête envers les étrangers, *a good, amiable man and civil to strangers.*

b) Quand il y a plusieurs adjectifs, et que deux sont précédés de *either, or*, ces deux adjectifs se mettent après le nom.

Ex. : Nous trouverons des causes générales, soit naturelles, soit morales, *we shall find general causes, either natural or moral.*

A man habitually temperate.

V. — L'adjectif doit quelquefois se placer après le nom, quand il est précédé d'un adverbe de plus de deux syllabes.

Un homme habituellement modéré, *a man habitually temperate.*

Mais si l'adverbe n'est pas trop long, l'adjectif peut précéder le nom ; ainsi l'on peut dire également, *a truly good man*, ou *a man truly good,* un homme vraiment bon.

Duncan the meek.

VI. — L'adjectif se place après le nom quand il est employé comme apposition.

Ex. : Quand Dnncan le doux régnait, *when Duncan the meek reigned,* etc.

REMARQUE. — Il est alors précédé de l'article défini.

He finds his tea very good.

VII. — L'adjectif doit être placé après le nom quand il sert d'attribut à un nom régime ; il achève alors de déterminer le sens du verbe.

Ex. : Il trouve son thé bon, *he finds his tea very good.*

So good a man.

VIII. — L'adjectif se place avant le nom et l'article, quand il est précédé de *so, how.*

Ex. : Un si brave homme, *so good a man.*

How despicable.

IX. — L'adjectif attribut se place avant le verbe, s'il est précédé de *how*, et dans les exclamations.

Ex. : Combien la vanité rend l'homme méprisable, *how despicable does vanity render its possessor.*

Remarque. — Avec *how* le verbe se met à la forme emphatique, et le sujet se met entre l'auxiliaire et le verbe principal. Dans les exclamations on intervertit l'ordre du sujet et de l'attribut.

Ex. : Que le Seigneur est grand ! *great is the Lord !*

There is nothing true.

X. — L'adjectif se place après le nom, quand en français il est joint au nom par la préposition *de.*

Ex. : Il n'y a rien de vrai, *there is nothing true.*

Fifty feet long.

XI. — Les adjectifs attributs qui expriment la dimension, la hauteur, la longueur, etc., se placent après le nom, la préposition *de* ne se traduit pas, et, si le nom de la chose mesurée est suivi du verbe *avoir,* ce verbe se traduit par le verbe *to be* au temps marqué.

Ex. : Cette cour a 50 pieds de long, *this yard is fifty feet long.*

Remarque. — La préposition *sur*, pour exprimer une dimension opposée à une autre, se traduit par la conjonction *and.*

Ex. : Trente pieds de long sur vingt de large, *thirty feet long and twenty wide.*

On peut aussi traduire ces adjectifs par les substantifs correspondants précédés de *in*.

Ex. : 50 pieds de long, *fifty feet in length.*

In eighteen hundred and eighty seven.

XII. — On se sert des abjectifs numéraux cardinaux pour exprimer la date.

Ex. : En 1887, *in eighteen hundred and eighty seven.*

On peut faire précéder l'adjectif numéral du nom d'année, mois etc... Mais ce nom prend alors l'article défini.

Ex. : Dans l'année 1880, *in the year eighteen hundred...*

Si le nom de temps a un complément, il faut employer l'adjectif numéral ordinal. (1)

Ex. : Dans la troisième année de son règne, *in the third year of his reign.*

The two first.

XIII. — Quand un adjectif numéral en détermine un autre, il doit invariablement se placer le premier.

Ex. : Les deux premiers, *the two first.*

Remarque — Si l'adjectif cardinal précède le nombre ordinal, il exprime l'ordre et la place. — Si l'adjectif ordinal est le premier, il exprime une série, une suite de nombres désignés par le nombre cardinal.

Ex. : Les deux premiers, *the two first*; la première série de deux, *the first two.*

Napoleon the first.

XIV. — On se sert des nombres ordinaux pour exprimer tout ordre de succession, des souverains, des années, des chapitres d'un ouvrage.

Ex. : Les nombreuses victoires de Napoléon premier, *the numerous victories of Napoleon the first.*

---

(1) Note. — Quand dans un nombre composé de deux nombres cardinaux il n'y a que des nombres exprimant des dizaines et des unités, on peut intervertir leur ordre, mettre d'abord le nombre d'unités et le joindre au second par la conjonction *and.*

Ex. : Vingt-deux, *two and twenty.*

N° III.

DE L'EMPLOI DE CERTAINS ADJECTIFS.

I. — Les adjectifs *each*, *every*, *either*, *neither* et *much*, veulent les noms et les pronoms avec lesquels ils s'accordent et les verbes dont ils sont sujets au singulier.

Ex. : Chacun a sa souffrance, *each hath his pang*.

Each of the ten.

II. — *Each* a un sens purement partitif et n'est guère employé, quand on parle d'un grand nombre d'objets ou de personnes. *Every* a un sens à la fois partitif et collectif et se rapproche du sens de *all*, mais en attirant l'attention sur chaque objet ou sur chaque personne.

Ex. : Chacun des dix avait son fusil, *each of the ten had his gun* ; chaque homme dans la foule avait son fusil, *every man in the crowd had his gun*.

Both were there.

III. — *Both*, *few*, *many* (*more*, *most*), *several*, veulent le verbe, dont ils sont sujets, au pluriel ainsi que les noms avec lesquels ils s'accordent.

Ex. : Tous les deux étaient là, *both were there*.

Remarque. — *Many* se place quelquefois devant un nom singulier pour traduire l'expression française *bien des*, *de*... *Many* doit alors précéder l'article indéfini.

Ex. : Bien des hommes qui parlent, *many a man who talks*.

All the wine.

IV. — *All* et *some* veulent le nom au singulier, quand ils expriment la quantité ; si *all*, *some* expriment le nombre, ils veulent le nom au pluriel.

Ex. : Tout le vin, *all the wine* ; tous les hommes, *all the men*.

All se place toujours avant l'article défini et après les pronoms *we*, *you*, *they*, *it*.

Ex. : Tous les hommes que vous voyez, *all the men you see;* ils viennent tous, *they all come.*

Nota. — L'article indéfini ne peut pas s'employer avec l'adjectif *all.*

V. — *Alone, single, only,* servent à traduire l'adjectif français *seul.*

Alone se place après le nom. On traduit *seul* par *alone* quand il est après le nom. *Only, single* se placent avant le nom, ils traduisent *seul* quand ce mot précède le nom.

Ex. : Un homme seul, *a man alone;* un seul arbre, *a single tree.*

Remarque. — 1° *Alone,* se rapportant au sujet du verbe, peut se renvoyer à la fin de la phrase, quand il est attribut d'une proposition sous-entendue, qui a le même sujet que le verbe principal.

Ex. : Il peut faire cela seul (c'est-à-dire étant seul), *he can do that alone;* tandis que *he alone can do that,* veut dire : lui seul peut faire cela. *Alone* est ici purement déterminatif.

2°. Il importe de ne pas confondre *alone* avec *only* adverbe (voir les adverbes).

Have you any bread.

VI. — *Any* ne s'emploie que dans les phrases interrogatives, négatives ou dubitatives. Dans les phrases négatives on le place souvent à la fin et on sous-entend le nom. Si le nom est exprimé, la négation *not any* est remplacée par l'adjectif *no.*

Ex. : Avez-vous du pain? *have you any bread?* Je n'en ai pas, *I have not got any* ou *I have got no bread.*

A few men.

VII. — *Few,* précédé de l'article, a comme en français un sens positif.

Ex. : Quelques hommes, *a few men.*

Sans article il a un sens négatif.

Ex. : Peu d'hommes, *few men.*

Note. — Après *same* le *que* peut se traduire par *as* ou par *that. Same,* suivi de *as,* a le sens de *semblable à,* avec *that, same* a le sens de *le même que.*

Ex. : Ce livre est semblable au mien, *that book is the same as mine*; le même homme que j'ai vu, *the same man that I saw.*

N° IV.

COMPLÉMENT DES ADJECTIFS.

I. — Le complément de l'adjectif doit être précédé d'une des prépositions : *to, of, from, for, at, against, in,* suivant le sens de l'adjectif.

a) Le complément de l'adjectif, qui répond à la question *à qui, à quoi,* est précédé de la préposition *to.*

Ex. : O heureuse retraite, amie du déclin de la vie ! *o blest retirement, friend to life's decline !*

b) Le complément de l'adjectif, qui répond à la question, *de qui, de quoi*, est précédé de la préposition *of.*

Ex. : Il avait peur du sang, *he was afraid of blood.*

c) Les adjectifs qui expriment une idée d'éloignement sont suivis de la préposition *from.*

Ex. : Loin de chez lui, *absent from home.*

d) Les adjectifs, qui expriment une idée de concordance ou d'opposition, sont suivis de la préposition *with.*

Ex. : Content de ses hôtes, *pleased with his guests.*

e) Les adjectifs qui expriment un état, une manière, sont suivis de la proposition *in.*

Ex. : Ferme dans son dessein, *steady in his purpose.*

f) Les adjectifs qui expriment une idée d'occupation, de direction, de cause, sont suivis de la préposition *at.*

Ex. : Occupé à son travail, *busy at his work.*

Remarque. — Plusieurs adjectifs prennent différentes prépositions, suivant le sens qu'on veut leur attribuer : ainsi *angry* prend la préposition *with* devant le nom de personne et *about* ou *on account of* devant le nom de cause. Si le nom de chose est seul exprimé, on se sert de la proposition *at.*

Ex. : Se fâcher contre quelqu'un de quelque chose, *to be angry with somebody about something ;* fâché de quelque chose, *angry at something.*

II. — L'infinitif, complément de l'adjectif, se rend en anglais par l'infinitif précédé de *to*.

Ex. : Il est facile de lire ce livre, *it is easy to read this book*.

Remarque. — Il faudrait éviter de donner un sens passif à l'infinitif actif, complément de l'adjectif, ce qui arrive quelquefois en français, comme : Un livre facile à lire. En anglais il faudrait mettre le verbe au passif et changer l'adjectif en adverbe.

Ex. : *A book easily read*.

Cependant cette construction se trouve avec certains adjectifs.

Note. — La terminaison *ful* (de *full* plein) donne à l'adjectif un sens positif.

Ex. : Utile, *useful* (plein d'utilité).

La terminaison *less* donne à l'adjectif un sens négatif.

Ex. : Les fils utiles de notre patrie échangés contre un métal inutile, *her useful sons exchanged for useless lore*.

Les particules préfixes *mis*, *un*, et généralement *in* et *il*, donnent à l'adjectif un sens négatif ; *mis* quelquefois a le sens de mauvais.

Ex. : Le paysan ne s'apercevant pas que son visage était barbouillé, *the swain mistrustless of his smutted face*. Elle vole sur les épis sans les faire pencher, *she flies o'er the unbending corn*.

Certains participes passés en *unk* ne sont guère employés qu'après les noms; avant les noms on emploie les adjectifs qui en sont dérivés en *en*.

Ex. : Ivre, *drunk*, *drunken ;* enfoncé, *sunk*, *sunken*.

§ II. — DU COMPARATIF ET DU SUPERLATIF.

Comme on l'a vu, la conjonction *que*, qui suit le comparatif de supériorité ou d'infériorité, se traduit par *than ;* la conjonction *que*, qui suit le comparatif d'égalité, par *as*, la conjonction *que* après si, tellement, etc., par *that*.

Better than I.

I. — Si le pronom qui suit *than* est sujet d'un verbe, il se met au nominatif.

Ex. : Vous travaillez mieux que moi, *you work better than I (do)*.

The greater of the two.

II. — S'il n'y a que deux personnes ou deux objets comparés, le superlatif français se traduit par le comparatif en anglais.

Ex. : Des deux Scipions, l'africain fut le plus grand, *africanus was the greater of the two Scipios.*

REMARQUE. — Les adjectifs qui expriment la perfection d'une qualité ne prennent pas la forme du comparatif ni du superlatif, tels sont : principal, *chief;* extrême, *extreme;* parfait, *perfect;* suprême, *supreme;* droit, *right;* vrai, *true;* universel, *universal.*

The more I work.

III. — *Plus, moins,* répété devant chaque membre de phrase, se traduit par le comparatif précédé de l'article.

Ex. : Plus je travaille et plus je deviens faible, *the more I work the weaker I am.*

Older and older.

IV. — *De plus en plus, de moins en moins,* se traduisent par deux comparatifs unis par la conjonction *and.*

Ex. : De plus en plus vieux, *older and older.* Cela devient de moins en moins intéressant, *it becomes less and less interesting.*

Plus, moins, répété devant deux membres de phrase, se traduit en anglais par le comparatif de l'attribut précédé de l'article *the.*

Ex. : Plus on devient vieux, plus le caractère s'aigrit, *the older a man is, the crosser he becomes.*

Nobody else than (ou but).

V. — La conjonction *que,* qui suit les adjectifs *other, rather, else, otherwise,* se traduit par *than.*

Ex. : Il n'y avait personne plus que votre frère, *there was nobody else than* (ou *but*) *your brother.*

RENARQUE. — 1°. Quand un comparatif est suivi d'une préposition, on ne traduit pas la négation *ne* et *le* se retranche plus ordinairement.

2°. Souvent en français, la conjonction *que* est remplacée par la préposition *de.* Il faut éviter cette construction en anglais ; *than* ne peut jamais être remplacé par *of*, qui ne saurait jamais indiquer l'autre terme de comparaison. Mais la préposition *de* après un comparatif indique le complément de ce comparatif. Après un adjectif exprimant la dimension, la hauteur, la largeur, etc, *de* se traduit par *by*.

Ex. : Plus grand de 3 pouces, *taller by 3 inches.*

Ou bien le nom de nombre se met avant le comparatif sans préposition.

Ex. : Plus grand de trois pouces, *three inches taller.*

De beaucoup se traduit par *by for* suivi du comparatif.

As much admired.

VI. — *Aussi* devant les participes passés s'exprime par *as much ;* par *so much*, si la proposition est négative ; et le *que* se traduit toujours par *as*.

Ex. : Aussi, ou pas aussi admiré que je croyais, *as much*, ou *not so much admired as I thought.*

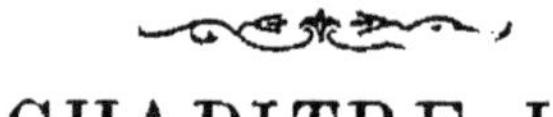

CHAPITRE IV.

DU PRONOM.

§ Ier. — DES PRONOMS PERSONNELS ET DÉMONSTRATIFS.

The learned reflect on what they knew.

I. — Comme il a été déjà dit, les pronoms personnels sont invariables quant au genre (la troisième personne du singulier exceptée) ; mais ils s'accordent en nombre avec le nom auquel ils se rapportent.

Ex. : Et les savants réfléchissent sur ce qu'ils savaient déjà, *the learned reflect on what before they knew.*

Children run to lisp their sire's return.

II. — Tout adjectif ou pronom possessif s'accorde en nombre avec le nom possesseur à toutes les personnes et à la 3me personne du singulier, en genre et en nombre.

Ex. : Les enfants n'iront plus annoncer le retour de leur père, *no children run to lisp their sire's return.*

Remarque. — 1°. Si le nom possesseur est un nom collectif, le pronom ou l'adjectif, qui en tient la place, se met au pluriel, à moins qu'on ne puisse considérer le nom collectif comme un seul tout.

Ex. : Quelques-uns ne hasardent jamais une opinion qui leur soit propre ; ils raisonnent et concluent... *some never advance a judgment of their own* ; *they reason and conclude.*

2°. La 2e personne du singulier des pronoms personnels et des pronoms et adjectifs possessifs est employé rarement en prose.

More than I.

IV. — Le pronom personnel, qui suit *than* ou *as* après un comparatif, se met :

a) Au nominatif, s'il est sujet d'un verbe exprimé ou sous-entendu.

Ex. : Il le respectait plus que je ne le faisais, *he respected him more than I* (*did.* s. e.). (1)

b) A l'objectif, s'il est le régime du verbe.

Ex. : Il le respectait plus que moi, *he respected him more than me.*

To live with one's relations.

V. — Tout adjectif ou pronom possessif doit se rapporter à un nom déterminé et généralement exprimé. Si le nom indéterminé n'est pas exprimé, l'adjectif possessif se rend par *one's.*

Ex. : Il n'est pas toujours facile de s'entendre avec ses parents, *it is not always easy to agree with one's relations.*

Remarque — On ne peut pas mettre *his*, car le nom *man*, *person*, etc., n'est pas exprimé ; mais si le nom est exprimé, l'adjectif s'accorde avec lui.

---

(1) Ce verbe est généralement sous-entendu.

Thine are those charms.

Quand le verbe être signifie *appartenir,* les pronoms *à moi, à lui,* etc., qui le suivent, se traduisent par le pronom possessif à la même personne que le pronom français.

Ex. : A toi sont ces charmes qui nous éblouissent et nous séduisent, *thine are those charms that dazzle and endear.*

He lost his purse.

VII. — L'article défini remplace souvent en français l'adjectif possessif devant un nom complément d'un verbe, surtout quand le nom indique un membre du corps, une faculté de l'esprit, etc.... Cette construction ne peut pas avoir lieu en anglais, il faut toujours l'adjectif possessif.

Ex. : Il perdit sa bourse, *he lost his purse.*

Remarque. — 1°. En français on donne souvent un second régime à un verbe réfléchi, comme : Il s'est coupé le doigt : ce double régime ne peut pas être employé en anglais.

Ex. : Il a coupé son doigt, *he cut his finger.*

2° En français le pronom réfléchi est quelquefois répété après un verbe réfléchi pour attirer l'attention sur le sujet. Ex. : Il s'est coupé lui-même. Cette construction n'est pas possible en anglais ; mais si le pronom réfléchi n'est pas le régime du verbe, on peut le mettre après le sujet ou après le complément pour insister sur le sujet.

Ex. : Il s'est coupé lui-même, *he cut himself;* il s'est coupé le doigt lui-même, *he cut his finger himself.*

All that which.

VIII. — Le pronom démonstratif, *what*, se met pour *ce que,* quand on ne parle pas d'un objet déterminé. *Ce que* se traduit par *that which*, quand il s'agit d'un objet déterminé.

What ne peut pas être précédé d'un adjectif, il se change alors en *that.*

Ex. : Tout ce dont vous parliez, *all that which you spoke about.*

This is mine.

IX. — Aucun adjectif ou pronom ne peut être précédé de l'article en anglais, pas même le pronom possessif.

Ex. : Voilà votre livre, voici le mien, *that is your book, this is mine.*

REMARQUE. — Sont exceptés certains adjectifs indéfinis tels que *the one*, *the other*.

§ II. — DU PRONOM RELATIF.

N° I.

DU PRONOM RELATIF.

A jew had a fortune.

I. — Le pronom relatif s'accorde avec son antécédent en genre : il est invariable quant au nombre et à la personne.

Ex. : Shillock était un juif qui avait amassé une fortune, *Shillock was a jew who had amassed a fortune.*

The duke whom they killed.

II. — Le pronom relatif doit être placé le plus près possible de son antécédent.

Ex. : Ils attaquèrent la maison du duc qu'ils tuèrent, *they attacked the house of the duke whom they killed* et non *the duke's house whom, etc.*

III. — Tout pronom relatif, régime d'un verbe, se met à l'objectif et se place avant ce verbe.

Ex. : N'avez-vous pas vu ceux qu'a frappé le sabre, *saw ye not whom the reeking sabre smote.*

NOTE. — *Whoso*, *whoever*, *whosoever* se mettent au commencement des phrases.

Ex. : Quiconque espère trouver un ouvrage sans faute, *whoever thinks a faultless piece to find.*

All were sots who.

IV. — *a) Who* est masculin et féminin et s'emploie quand on parle des personnes et quelquefois quand on parle des animaux ou des choses personnifiées.

Ex. : Concluant que tous ceux qui osaient se séparer des règles d'Aristote étaient des sots et des imbéciles, *concluding all were desperate sots and fools who durst depart from Aristotle's rules.*

Remarque. — Les bons auteurs se servent presque toujours de *that* avec les noms neutres personnifiés.

b) Whose ne peut être employé que pour exprimer la possession. C'est un véritable cas possessif. Il se place avant le nom de l'objet possédé et ce nom n'est jamais précédé de l'article. Ce pronom sert a traduire les pronoms français *dont* et *à qui, de qui,* signifiant *appartenant à ; whose,* se rapportant à un antécédent neutre, est rare si ce n'est en poésie.

Ex. : Dont la longue barbe balayait sa vieille poitrine, *whose beard descending swept his aged breast.*

c) Whom ne se rapporte qu'à des noms masculins et féminins rarement à des objets personnifiés.

Of whom sert à traduire les pronoms français *dont, du quel, de qui,* quand il s'agit d'une personne; *of which,* quand il s'agit d'un nom neutre.

Ex. : L'homme dont vous parliez, *the man of whom you were speaking.*

Remarque. — Si *of whom* exprime la possession, il doit se placer après le nom dont il est le complément ; il en est de même pour *of which.* Mais avec *of whom* cette règle n'est pas toujours observée.

That standard which Pelagio bore.

V. — *Which* s'emploie avec les noms neutres et quand le pronom se rapporte à tout un membre de phrase.

Ex. : Où est cet étendard que portait Pélage ? *where is that standard which Pelagio bore ?* il fut acquitté, ce que je fus heureux d'apprendre, *he was acquitted, which I was glad to hear.*

Remarque. — *Which* est rarement précédé de *all ;* on sépare d'ordinaire ces mots par *of. All of which.*

The man that you have spoken to.

VI. — *That* est des trois genres et peut se rapporter à des noms de genres différents. Il est employé d'ordinaire : 1° quand ce pronom se rapporte à un nom collectif ; 2° quand le pronom relatif se rapporte à deux noms dont l'un est masculin ou féminin et l'autre neutre ; 3° après les superlatifs.

That, pronom relatif, ne peut jamais être le complément d'une préposition qui le précède, mais il peut l'être, si la préposition est renvoyée à la fin de la phrase (voir la règle suivante).

Ex. : L'homme à qui vous avez parlé, *the man that you have spoken to.* pour *to whom you have spoken.*

VII. — *a)* Quand *who, which, that* sont complément d'un verbe, la préposition qui les précède, peut se renvoyer à la fin de la phrase. Cette construction est nécessaire, quand le pronom *that* est le complément d'une préposition. Alors on peut quelquefois sous-entendre le pronom, surtout si le pronom est *that.*

Ex. : L'homme auquel vous avez parlé, *the man whom you have spoken to,* ou *the man you have spoken to.*

Remarque. — Il vaut mieux exprimer le pronom ; l'*usage seul* en autorise la suppression.

b) Mais le pronom doit toujours être exprimé, et doit être précédé de la préposition, quand il n'est pas complément, et que, placé au commencement d'un membre de phrase, il sert à joindre ce membre au membre de phrase précédent.

Ex. : La vie n'est qu'un triste désert dans lequel nous voyageons, où tous les objets passés s'obscursissent et où ceux de l'avenir deviennent incertains, *Life is but a dreary waste we are travelling through, in which every object in the past becomes dim, every thing in the future uncertain.*

I know its effects.

VIII. — *En* et *y,* se rapportant à une personne ou à un objet, se traduisent par le pronom personnel à l'objectif et au même genre que le nom auquel il se rapporte. Ce pronom se place après le verbe dont il est le complément et est précédé de la préposition que demande le verbe anglais.

Ex. : Il en connaît la cause, *he knows the cause of it.*

En se rapportant à un lieu, se traduit par *from there.*

Ex. : J'en viens, *I am coming from there.*

En ne s'exprime pas devant un nom de nombre ou un adverbe de quantité.

Ex. : Vous en prenez deux, *you take two.*

En, marquant un rapport de possession, se traduit par l'adjectif possessif, s'accordant avec le nom possesseur.

Ex. : Le vin est dangereux, j'en connais les effets, *wine is dangerous I know its effects.*

Y se rapportant à un lieu, se traduit par *there* ou *here.*

Ex. : Il y était, *he was there.*

Où sert quelquefois de pronom relatif en français ; en anglais il faut exprimer le pronom.

Ex. : C'est une affaire où *(dans laquelle)* l'on pourrait être embarrassé. *It is a case in which a man might get into trouble.*

N° II.

DU PRONOM INTERROGATIF.

Who can direct.

I. — *Who* pose la question *qui* et ne peut se dire que des personnes.

Ex. : Qui peut nous l'enseigner quand tous prétendent savoir ? *who can direct when all pretend to know ?*

What's to be done.

II. — *What* pose la question *qui, que, quoi,* se rapportant à un objet, et la question *quoi* se rapportant aux qualités, à la profession, à la religion, etc. d'une personne.

Ex. : Qu'y a-t-il à faire? *what's to be done?* qu'est cet homme? *what is that man?*

Which of these men.

III. — *Which* peut se dire des personnes et des noms neutres et pose la question *lequel, laquelle;* se rapportant à un nom de personne, il veut un complément.

Ex. : Lequel de ces hommes vous a frappé? *which of these men struck you?* lequel de ces livres lisez-vous? *which of these books do you read?*

To whom have you spoken.

IV. — Le pronom interrogatif se place avant le verbe dont il est le sujet ou le régime; mais s'il est régime, il doit être à l'objectif.

Exception. — Voir la règle suivante.

Ex. : A qui avez-vous parlé? *to whom have you spoken?*

Remarque. — La préposition qui précède w*ho*, w*hat*, w*hich*, régime d'un verbe, peut être renvoyée à la fin de la phrase. Le pronom alors reste au nominatif. (1)

Ex. : A qui avez-vous parlé? w*ho have you spoken to?*

Mais si le pronom n'est pas gouverné par la préposition *to* mais par un verbe, il doit demeurer à l'objectif.

Ex. : Qui pensez-vous qu'il est? w*hom do you fancy him to be?*

CHAPITRE V.

DU VERBE.

I. — Les compléments du verbe sont de trois sortes, le complément direct ou *régime,* le complément indirect et le complément circonstanciel.

(1) Cette construction est autorisée par l'usage et quoique souvent employée dans le style familier, elle n'est pas admise par les grammairiens.

Ex. : J'ai donné l'argent à l'homme dans le magasin, *I gave the money to the man in the shop.*

Ici *money* est régime du verbe ; *to the man* est complément et complète en effet le sens de la phrase ; *in the shop* indique une circonstance et se dit pour cela complément circonstanciel.

II. — Comme il a déjà été dit, la phrase anglaise suit l'ordre logique de construction : on place 1° *le sujet ;* 2° *le verbe ;* 3° *le régime ;* 4° *le complément ;* 5° *le complément circonstanciel.*

III. — Cependant le sujet peut être précédé du verbe : 1° dans les interrogations.

Ex. : Crois-tu que je tremble pour ma vie? *Deem'st thou I tremble for my life ?*

2° Dans les exclamations. Ex. : Combien vains seraient mes efforts ! *how vain were my weary search !*

3° Quand *if* est sous-entendu, comme *Had I been there* pour *if I had been there.*

4° En poésie. Ex. : Où la terre soulevée forme plusieurs monticules, *where heaves the turf in many a mould'ring heap.*

IV. — Le régime précède le verbe : 1° quand il est pronom relatif ; 2° Quelquefois en poésie.

Ex. : Et même pour protéger ces cendres contre l'injure, *yet e'en those bones from insult to protect.*

V. — Le complément peut se mettre avant le verbe.

1° On peut le placer au commencement de la phrase pour attirer l'attention, surtout quand le verbe est au passif.

Ex. : Ce droit a été concédé spécialement aux femmes, *to women especially has been granted this right, etc.*

2° Quand il est précédé de *how.*

3° Quelquefois même, tout un membre de phrase peut se placer avant le verbe, quand le sujet de ce membre de phrase est complément du verbe et est précédé de *how.*

Ex. : Nous connaissons quelle grande part le clergé eut dans, *how great a part the clergy had we learn, etc*

4° En poésie.

VI. — Le complément peut précéder le régime direct et se placer après le verbe, quand il est précédé de la préposition *to* ; la préposition alors est supprimée. Cette construction n'a guère lieu que lorsque le complément est court, quand il est un pronom, etc. (Voir complément des verbes).

§ Ier. — DU RÉGIME DIRECT.

I. — Le régime, nom ou pronom d'un verbe actif, doit être à l'objectif.

Ex. : Souvent nous l'avons vu au point du jour, *oft have we seen him at the peep of dawn.*

To fight a good fight.

II. — Certains verbes neutres peuvent prendre un régime direct, mais ce régime doit avoir la même racine que le verbe, ou un sens analogue.

Ex. : J'ai bien combattu (j'ai combattu un bon combat), *I have fought a good fight.*

Remarque. — De ce que un verbe est neutre en français, il ne s'en suit pas qu'il soit neutre en anglais. Ainsi plusieurs verbes neutres en français sont actifs en anglais, ce sont surtout : Adresser à, *address* ; répondre à, *answer* ; commander à, *command* ; jouir de, *enjoy* ; faire mal à, *hurt* ; hériter de, *inherit* ; obéir à, *obey* ; opposer à, *oppose* ; plaire à, *please* ; renoncer à, *renounce* ; résister à, *resist* ; convenir à, *suit* ; se servir de, *use* ; avoir besoin de, *want.*

He taught the boys logic.

III. — Quelques verbes peuvent gouverner deux objectifs ; le complément devient alors régime et se place avant l'autre nom.

Ainsi l'on peut dire :

Il enseigna la logique aux enfants, *he taught logic to the boys,* ou *he taught the boys logic.*

Ce sont surtout les verbes : permettre, *allow* ; demander, *ask* ; nier, *deny* ; envier, *envy* ; mettre à l'amende, *fine* ; donner, *give* ; offrir, *offer* ; payer, *pay* ; promettre, *promise* ; envoyer, *send* ; enseigner, *teach* ; dire, *tell.*

Cette construction n'est guère employée que dans le langage familier ou quand le complément est un pronom.

This book makes one sleep.

IV. — Tout verbe actif doit avoir un régime exprimé et *non sous-entendu,* comme il arrive quelquefois en français.

Ex. : Ce livre fait dormir, *this book makes one sleep.*

REMARQUE. — Il ne faut pas donner à un verbe à la voix active le sens d'un verbe passif. Ainsi il n'est pas correct de dire : un livre facile à lire, *a book easy to read,* il faudrait *a book easily read.*

It was much spoken of.

V. — Certains verbes neutres sont quelquefois employés en anglais comme verbes actifs et comme verbes passifs. Cette tournure ne peut guère être employée que dans le style familier et dans des locutions admises. Au passif, le verbe doit être suivi de la préposition qu'il gouverne, dans le cas où il en exige une.

Ex. : On en parlait beaucoup, *it was much spoken of;* on le promena d'un bout à l'autre, *he was walked up and down.*

REMARQUE. — Les verbes neutres, conjugués avec l'auxiliaire *To Be,* expriment plutôt un état qu'une action.

Ex. : *He is come* signifie qu'il est ici ; *he has come,* il est arrivé. Cettepremière construction, quoique souvent employée, pèche contre les règles de la grammaire.

He cut his finger.

VI. — Il n'y a pas de verbe réfléchi en anglais; pour traduire le verbe réfléchi français, il faut mettre comme régime du verbe le pronom réfléchi, s'accordant en nombre et en personne avec le sujet du verbe.

Mais si en français le régime est suivi d'un complément, comme il arrive souvent, (par exemple : *Il s'est coupé le doigt),* le premier régime se tourne par l'adjectif possessif.

Ex. : Il a coupé son doigt, *he cut his finger.*

Cease to do evil.

VII. — L'infinitif, complément d'un verbe actif, se traduit par l'infinitif avec la préposition *to*.

Ex. : Cesse de faire le mal, apprends à bien faire, *cease to do evil, learn to do well*.

Exception. — Les verbes : voir, *behold ;* ordonner, *bid ;* oser, *dare ;* sentir, *feel ;* entendre, *hear ;* laisser, *let ;* faire, *make ;* avoir besoin, *need ;* observer, *observe ;* apercevoir, *perceive ;* voir, *see,* ne prennent pas la préposition *to* à l'actif, mais ils la prennent toujours au passif.

Ex. : Nous n'osons pas parler, *we dare not speak ;* je lui commandais de le faire, *I bade him do it*.

Remarque. — 1° *Dare* signifiant défier, prend toujours *to*.

2°. Si l'infinitif en français est le complément d'un verbe de mouvement, comme par exemple, *il alla sonner ; j'irai vous voir,* cet infinitif se met en anglais au même temps que le premier verbe et doit être précédé de la conjonction *and*. *He went and rang the bells* ; *I shall go and see you.* (1)

Mais si le premier verbe est à la forme progressive, le second demeure à l'infinitif, précédé de la préposition *to*. Je vais dîner avec vous, *I am going to dine with you*.

We heard her singing.

VIII. — Quand le régime d'un des verbes *behold, feel, hear, observe, perceive, see,* etc., est sujet d'un infinitif en français, cet infinitif peut se traduire par le participe présent en anglais et se met après le nom dont il est le sujet.

Ex. : Nous l'avons entendue chanter, *we heard her singing*.

Mais si l'infinitif est complément du verbe et le nom régime de l'infinitif, le nom devient régime du premier verbe et l'infinitif se traduit par le participe passif.

Ex. : J'ai vu fouetter l'enfant (m. à m. j'ai vu l'enfant fouetté), *I saw the child flogged* (*being* sous-ent.).

---

(1) Le second verbe peut rester à l'infinitif quand on veut insister sur l'idée qu'il exprime.

Ex. : Il y alla pour lire la lettre, *he went there to read the letter*.

Le participe placé avant le nom change le sens. Ainsi : *I saw the flogged child*, signifie : j'ai vu l'enfant qui a été fouetté

I intend writing ou **to write.**

X. — Certains verbes français, suivis d'une des prépositions *de* ou *à*, veulent en anglais l'infinitif qui les suit à l'infinitif présent avec *to*, ou au participe présent sans préposition.

Ex. : J'ai l'intention d'écrire, *I intend writing* ou *to write.*

Remarque. — L'infinitif exprime une action, le participe une habitude ou une action qui a lieu au moment où l'on parle, ou en même temps qu'une autre action.

Ces verbes sont :

Essayer de, *attempt* ; dédaigner de, *disdain ;* ne pas aimer à, *hate ;* se souvenir de, *recollect ;* supporter de, *bear* ; craindre de, *dread ;* avoir l'intention de, *intend ;* refuser de, *refuse* ; commencer de, *begin ;* souffrir de, *endure* ; aimer à, *like ;* regretter de, *regret* ; cesser de, *cease ;* manquer de, *fail ;* négliger de, *neglect ;* se faire scrupule de, *scruple ;* continuer à, *continue ;* finir de, *finish ;* se proposer de, *purpose ;* différer de, *defer.* ; et autres verbes synonimes, et dérivés des précédents.

He left off reading.

X. — Certains verbes qui expriment l'idée d'éviter, de cesser, d'empêcher, veulent au participe présent l'infinitif qui les suit.

Ex. : Il cessa de lire, *he left off reading.*

Ces verbes sont :

Avoid,	éviter de.	*Keep,*	continuer de.
Escape,	échapper à.	*Leave off,*	cesser de.
Give up,	renoncer à.	*Repent,*	se repentir.
Have done,	avoir fini de.	*Stop,*	cesser de.
Help,	s'empêcher de.		

I know how to read.

XI. — Lorsque les verbes apprendre, *learn ;* savoir, *know ;* montrer, *show ;* enseigner, *teach,* ont pour complément un infinitif, on met l'adverbe *how,* comment, avant l'infinitif.

Ex. : Je sais lire, *I know how to read.*

Remarque. — Il y a 3 expressions anglaises pour traduire : Je sais, je puis.

Je sais, *I know how ;* je puis, *I can ;* je puis, *I am able.*

Quoique l'on trouve ces expressions employées l'une pour l'autre, l'idée qu'elles expriment est bien différente. *I know how to* indique une connaissance de... *I can* la puissance, la force suffisante pour... *I am able* suppose la force, la puissance sans aucun empêchement extérieur.

§ II. — DU COMPLÉMENT.

Le complément s'exprime en anglais par diverses prépositions suivant le sens du verbe. Ces prépositions ne correspondent pas toujours aux prépositions employées en français.

Le complément s'exprime par :

I. — *TO* pour indiquer le terme vers lequel l'action se porte.

Ex. : Il écrivit au roi des lettres larmoyantes, *he wrote piteous letters to the king.*

Remarque. — Si ce complément n'est pas long ou est un pronom, on peut, surtout dans le style familier, le placer avant le régime et supprimer la prépositon.

Ex. : *He wrote the king piteous letters.*

Mais après les verbes dire, *say ;* appartenir, *belong ;* causer, *talk ;* parler, *speak* ; répondre, *reply ;* répéter, *repeat ;* cette construction ne peut pas avoir lieu.

II. — *FROM* pour indiquer le terme d'où vient l'action.

Ex. : Il reçut une lettre du roi, *he received a letter from the king.*

III. — *AT* pour indiquer le but où l'on vise, l'intention, l'occupation ou l'objet de l'admiration, etc.

Comme : Viser à, *aim at ;* aboyer après, *bark at ;* faire feu sur, *fire at ;* rire de, *laugh at ;* regarder, *look at ;* jouer à, *play at ;* se réjouir de, *rejoice at ;* s'étonner de, *wonder at :* ces verbes sont ordinairement en français suivis de la préposition *à* ou *de.*

Ex. : Il courut chez lui pour jouer à colin maillard, *he ran home to play at blind man's buff.*

IV. — *OF* après les verbes qui signifient informer, faire souvenir, demander, priver, accuser, etc., qui en français prennent la préposition *de*, quelquefois *à*.

Ex. : Il l'avertit du danger, *he warned him of the danger*.

Remarque. — Comme nous l'avons déjà dit (page 101, règle 3), le verbe *ask* peut prendre deux régimes. Ceci n'a lieu que dans certaines locutions et quand la chose demandée n'est pas un objet matériel. Mais le verbe *ask* peut toujours prendre indifféremment, comme régime direct, un nom de personne ou un nom de chose ; il prend alors différentes prépositions devant le nom qui est son complément.

1°. Quand le régime est un nom de personne, si le complément est un nom, on met la préposition *for*, si c'est un infinitif, la préposition *to*.

Ex. : Demander quelque chose à quelqu'un, *ask somebody for something* ; Demander à quelqu'un de faire quelque chose, *ask somebody to do something*.

2°. Quand le régime est un nom de chose, le nom qui sert de complément veut la préposition *of* (ou *from* rare).

Ex. : *Ask something of somebody.*

3°. Quand le régime n'est pas exprimé, si le complément est un nom de personne, il veut la préposition *of;* si c'est un nom de chose la préposition *for*.

Ex. : Demander à quelqu'un, *ask of somebody ;* demander quelque chose, *ask for something*.

V. — *IN* après les verbes qui expriment une idée de croyance, de confiance, de jouissance ou de participation et d'autres suivis en français de la préposition *en*.

Ex. : Croire aux songes, *to believe in dreams*.

VI. — *FOR* pour indiquer le motif, la cause.

Ex. : Il fut puni de sa paresse, *he was punished for his idleness*.

VII. — *BY*, préposition qui suit les verbes passifs et traduit la préposition française *par*.

Ex. : Sa tête rasée était couverte d'une longue perruque, *his shaven crown was concealed by a flowing wig*.

Mais devant le second complément que prennent les verbes passifs, on met la même préposition que prend le verbe à la voix active.

Ex. : Il fut montré à la foule irritée par le bourreau, *he was shown by the hangman to the angry crowd.*

§ III. — DU COMPLÉMENT CIRCONSTANCIEL.

Les compléments circonstanciels se réduisent aux questions *de lieu, de temps, d'instrument, de manière, de prix, de cause.*

N° I.

QUESTION DE LIEU.

He lived at Cork.

I. — L'endroit *où* l'on est se marque en anglais par la proposition *at.*

Ex. : Il vivait a Cork, *he lived at Cork.*

Remarque. — Devant les noms des grandes capitales, de pays, de continents, on met *in.*

Ex. : A Londres, *in London ;* à Paris, *in Paris ;* en Europe, *in Europe.*

Walking in his room.

II. — L'endroit dans lequel on est se marque par *in.*

Ex. : Il se promenait dans sa chambre, *he was walking in his room.*

Remarque. — L'expression *sur le continent* se traduit par *on the continent.*

I went to London.

III. — Le nom du lieu où l'on va, se marque par *to.*

Ex. : Je suis allé à Londres l'an dernier, *I went to London last year.*

He started for Paris.

IV. — Le nom du lieu pour lequel on part se marque par *for.*

Ex. : Il partit de suite pour Paris, *he started at once for Paris.*

He came into the room.

V. — Le nom du lieu dans lequel on entre se marque par *into*.

Ex. : Il entra dans la chambre, *he came into the room*.

He came from Paris.

VI. — Le nom de lieu d'où l'on vient se marque par *from*.

Ex. : Il est venu de Paris par le chemin de fer, *he came from Paris by train*.

He went out of the room.

VII. — L'endroit d'où l'on sort se marque par *out of*.

Ex. : Il sortit de la chambre, *he went out of the room*.

By Calais and Dover.

VIII. — L'endroit par où l'on passe se marque par la préposition *by* et pour exprimer que l'on a traversé l'endroit, la ville, etc., on se sert de *through*.

Ex. : Il alla à Londres par Calais et Douvre, *he went to London by Calais and Dover ;* il est entré par la porte, *he came in through the door*.

Remarque. — *Through* se met devant les noms de pays. Quand on parle de traverser la mer ou les montagnes, on se sert de *over* ou de *across*.

From Dublin to Kingstown.

IX. — La distance d'un lieu à un autre se marque par *from.... to*.

Ex. : Il y a 7 milles de Dublin à Kingstown, *it is seven miles from Dublin to Kingstown*.

En résumé :

Pour marquer l'endroit où l'on est...........	*at.*
Pour marquer l'endroit dans lequel on est....	*in.*
Pour marquer l'endroit pour lequel on part...	*for.*
Pour marquer l'endroit d'où l'on vient.......	*from.*
Pour marquer l'endroit dans lequel on entre..	*into.*
Pour marquer l'endroit d'où l'on sort........	*out of.*
Pour marquer l'endroit à travers lequel on passe................................	*through.*
Pour marquer l'endroit par lequel on passe ..	*by.*

N° II.

QUESTION DE TEMPS.

At ten o'clock.

I. — Le nom de l'heure se marque par la préposition *at.*

Ex. : A dix heures le roi était prêt, *at ten o'clock the king was ready.*

NOTE. — Le mot *heure* ne se traduit pas comme en français, on le remplace par le mot *o'clock.* Mais si on veut indiquer un certain nombre d'heures pendant lesquelles une action a duré, etc., il faut traduire le mot.

Ex. : Une heure, *one hour ;* deux heures, *two hours.*

He came on sunday.

II. — Le nom de jour et le quantième du mois se marquent par la préposition *on.*

Ex. : Il est venu dimanche, *he came on sunday ;* le 25 décembre, *on the twenty fifth of december.*

REMARQUE. — Mais dans les expressions : *un jour. une fois,* etc., on se sert de l'adjectif numéral *one day,* ou de l'adverbe *once* ; on dit aussi *once upon a time,* dans le style familier.

In eighteen hundred.

III. — Le nom de semaines, de mois, de saison, d'année, de siècle, etc., se marque par la préposition *in.*

Ex. : Au printemps la campagne est belle, *in spring the country is beautiful ;* en 1887, *in eighteen hundred and eighty seven.*

REMARQUE. — 1°. Devant les noms de saisons, ou d'époque, on peut mettre *towards* quand on ne veut pas indiquer l'époque précise.

2°. Devant les noms des jours, semaines, mois, etc., on supprime la préposition, si le nom est précédé de *last* ou de *next,* signifiant dernier et prochain par rapport au temps où l'on est.

Ex. : J'irai dimanche prochain, *I shall go next sunday.*

Mais si l'adjectif suit le nom, il faut la préposition *I shall go on sunday next.*

Two months ago.

IV. — Le nom qui marque le temps écoulé depuis un fait passé se met sans préposition et est suivi de l'adverbe *ago.*

Ex. : Il vint ici il y a deux mois, *he came here two months ago.*

Note. — *Il y a* se retranche dans ces locutions.

Since you left.

V. — Pour indiquer qu'une action s'est accomplie depuis une époque déterminée, on se sert de *since,* depuis.

Ex. : Il est venu depuis votre départ, *He came since you left.*

In six days.

VI. — L'espace de temps dans lequel une action se fait, s'est faite ou se fera, se marque par *in* On se sert de *within* pour indiquer que l'action s'est achevée dans tel ou tel espace de temps.

Ex. : Dieu créa le monde en six jours, *God created the world in six days.*

He cried for half an hour.

VII. — Le nom qui indique la durée d'une action passée est accompagnée de *for* ou *during. For* se sous-entend souvent.

Ex. : Il a pleuré une demi-heure, *he cried for half an hour ;* il a passé l'hiver dernier à Paris, *he lived in Paris during last winter.*

I have been writing for two hours.

VIII. — Le nom indiquant la durée d'une action, qui n'est pas encore terminée, se marque par *for. Il y a* se retranche et le verbe se met au parfait de la forme progressive, s'il est au présent en français ; au plus-que-parfait s'il est à l'imparfait.

Ex. : Il y a deux heures que j'écris, *I have been writing for two hours.*

Remarque. — On sous-entend quelquefois *for*, ou bien on le remplace par l'adjectif *this*, *these*.

Ex. Il y a une heure que j'écris, *I have been writing this hour.*

On peut encore traduire *il y a* par *it is* et *que* par *since*, depuis, en mettant le verbe suivant à la forme progressive.

Ex. : Il y a une heure que j'écris, *it is an hour since I am writing.*

Once a week.

IX. — Pour marquer le retour périodique d'une action, on se sert du nombre ordinal suivi de l'article indéfini et du nom de temps.

Ex. : Nous devrions nous confesser une fois la semaine, *we should go to confession once a week.*

Chaque, employé dans ce sens, se traduit en anglais par *every.*

N° III.

QUESTION D'INSTRUMENT.

He struck him with his stick.

I. — Après le verbe actif, le nom d'instrument est marqué par la préposition *with.*

Ex. : Il le frappa avec sa canne, *he struck him with his stick.*

He came by express train.

II. — Après le verbe neutre, le nom d'instrument est marqué par la préposition *with* et le nom de moyen par *by.*

Ex. : Il vint par le train express, *he came by express train ;* Il pouvait marcher avec sa canne, *he was able to walk with his stick.*

The coast was guarded by frigates.

III. — Après le verbe passif, le nom d'instrument se marque par la préposition *by.*

Ex. : La côte était défendue par des frégates anglaises, *the coast was guarded by english frigates.*

Remarque. — Quand un verbe passif a deux compléments, un nom de personne et un nom d'instrument, le nom de personne veut la préposition *by* et le nom d'instrument veut la préposition *with*.

He struck him in the face.

IV. — Les prépositions françaises *à*, *dans*, etc., qui marquent la partie du corps, la faculté de l'esprit, etc., qui souffre l'action, se traduisent par *in*, *on*.

Ex. : Il le frappa au visage, *he struck him in the face*.

Remarque. — Si le verbe français est réfléchi, l'article qui précède le régime français se traduit par l'adjectif possessif.

N° IV.

QUESTION DE PRIX.

For twenty pounds.

I. — La préposition *for* précède le nom qui indique combien une chose est achetée ou vendue.

Ex. : Il a vendu son cheval 20 livres sterling, *he sold his horse for twenty pounds*.

At 3 francs a pound.

II. — S'il s'agit d'un prix fixé d'avance, on se sert de la préposition *at*.

Ex. : Ce sera vendu 3 francs la livre, *it will be sold at 3 francs a pound*.

Remarque. — Devant les noms de poids et de mesure, l'article indéfini remplace l'article défini français. Ainsi en anglais on dira *10 fr. une livre*, au lieu de *10 fr. la livre*.

N° V.

QUESTION DE CAUSE ET D'ORIGINE.

A) **La cause.**

Startled by the appearance.

I. — Après un verbe passif, *de* et *par* se traduisent par *by*, quand le complément est un nom ou un pronom qui peut devenir sujet du verbe à la voix active.

Ex. : Il fut effrayé par le spectacle, *he was startled by the appearance.*

Struck with admiration.

II. — Si le nom ne peut pas devenir sujet du verbe à la voix active, on met *with.*

Ex. : Il était saisi d'admiration, *he was struck with admiration.*

For the following reasons.

III. — Le complément, qui indique le motif d'une action, est précédé de *for.*

Ex. : Il écrivit pour les raisons suivantes, *he wrote for the following reasons.*

Through kindness.

IV. — Le complément, qui indique le mobile d'une action, est précédé de *from, out of, through.*

Ex. : Il l'a fait par bonté, *he did it through kindness.*

He died of fever.

V. — Le complément, qui indique la cause d'une maladie, est précédé de *of* ou de *with;* s'il s'agit de la mort on emploie *of* et quelquefois aussi *from* dans les deux cas.

Ex. : Il mourut de la fièvre, *he died of fever ;* il est malade de la fièvre, *he is ill with fever ;* il souffre des dents, *he is suffering from toothache.*

B) **L'Origine.**

He descended from an old family.

VI. — Le nom qui marque l'origine est précédé de *from,* quelquefois de *of.*

Ex. : Il descendait d'une vieille famille, *he descended from an old family ;* il était d'une vieille famille, *he was of an old family.*

Made from rags.

VII. — Le complément, qui exprime la matière dont une chose est faite, est précédé de *from,* quand il s'agit d'une matière première d'où la chose est tirée ; de *of,* quand on veut indiquer la matière qui constitue une chose tout entière ; de *with* quand on veut seulement indiquer qu'on se sert de cette matière pour faire une chose.

Ex. : Le papier est fait de vieux chiffons, *paper is made from old rags ;* les livres sont faits de papier, *books are made of paper ;* les maisons sont bâties avec la pierre, *houses are built with stones.*

N° VI.

QUESTION DE MANIÈRE.

He ran away with a cut head.

Le complément de manière indique ou la manière d'être ou la manière d'agir.

I. — Le complément de manière d'être pour désigner les traits du visage, le maintien, la posture, la position sociale, etc., est précédé de la préposition *with.*

Ex. : Il s'enfuit la tête blessée et le nez cassé, *he ran away with a cut head and a broken nose ;* et très riche avec quarante livres sterling par an, *and passing rich with forty pounds a year.*

The day was spent in packing.

II. — Le complément de manière qui indique l'état d'esprit, l'humeur, l'occupation, est précédé de la préposition *in.*

Ex. : Laissez-moi m'asseoir ici, plein de tristesse pour le genre humain, *here let me sit, in sorrow for mankind ;* le jour fut occupé à faire les malles, *the day was spent in packing.*

The old man in the tall hat.

III. — Le complément qui indique l'habit, la toilette, etc., prend la préposition *in* ou *with.*

Ex. : Le vieux avec le chapeau à haute forme, *the old man in* ou *with the tall hat.*

S'il s'agit de la mode, on peut mettre une des prépositions *in, after* ou *according to.*

Ex. : A la mode française, *according to the french fashion.*

In writing my letter.

IV. — Le complément, qui indique la manière de faire quelque chose, se marque par diverses prépositions.

Par *in* quand on veut indiquer la circonstance dans laquelle l'action se fait.

Ex. : J'ai versé cette encre en écrivant ma lettre, *I spilt this ink in writing my letter ;* Il est rentré en très mauvaise humeur, *he came home in a very bad temper.*

Remarque. — Quand *in* est suivi du participe présent, on peut quelquefois le sous-entendre. Le participe devient alors un *participe absolu.*

Ex. : Elle dit en levant les yeux et rougissant, *she said looking up and blushing.*

Mais si l'on veut attirer l'attention plutôt sur le temps de l'action que sur la circonstance dans laquelle elle se fait, *in* peut être remplacé par l'adverbe *while* (pendant que), ou par *as* (comme), et si l'on veut indiquer le moment précis, par *on* ou *upon,* sur.

Ex. : En écrivant ma lettre je pensais à vous, *in writing my letter, I was thinking of you,* on peut mettre également *while writing* ou *I was writing.*

Remarque. — Comme on le voit par l'exemple, *while* peut être suivi du participe présent ou d'un mode personnel ; *on* veut toujours le participe présent.

Ex. : En entrant dans la chambre, *on entering the room.*

By watching over himself.

V. — Le complément, qui exprime le moyen de parvenir à un but, veut *by,* quelquefois *in.*

Ex. : En veillant sur soi-même, on forme son caractère, *by watching (in watching) over himself, a man forms his temper.*

He spoke with enthusiasm.

VI. — On emploie *with,* quand le complément n'indique pas une circonstance, mais une qualité apportée à l'accomplissement de l'action.

Ex. : Il parla avec enthousiasme, *he spoke with enthusiasm.*

§ IV. — EMPLOI DES TEMPS ET DES MODES.

N° I.

DES TEMPS.

I. — En français on substitue souvent un temps à un autre. Ainsi, on se sert du présent pour exprimer le passé, du futur pour indiquer une permission, etc., En anglais il faut mettre le verbe au temps qui indique le moment où l'action se fait. Ainsi :

II. — *a*) Le présent, employé pour exprimer une action passée, se traduit par le passé en anglais.

Remarque. — Il importe de ne pas confondre le présent qui indique une action passée avec le présent qui indique une habitude, une chose habituelle.

b) Le présent, employé pour exprimer une action passée par rapport à une autre action passée, se traduit en anglais par le plus-que-parfait.

Ex. : Le duc de Norfolk conspire, etc., *the duke of Norfolk had conspired, etc.*

c) Le présent ou l'imparfait français, qui marque la durée d'une action non encore terminée, se traduit en anglais par le parfait.

Ex. : J'écris depuis plus d'une heure, *I have been writing this hour past.*

d) Le parfait défini français, qui marque une action complètement terminée, se traduit en anglais par le parfait.

Ex. : Je me suis levé hier de bonne heure, *I rose early yesterday.*

III. — *a*) Quand, dans une phrase française, deux futurs sont réunis par les conjonctions *quand, lorsque, dès que,* etc., le second verbe se met au présent en anglais, et au parfait si le second verbe français est au futur passé.

Ex. : Je partirai quand il arrivera, *I shall go when he comes.*

b) On emploie encore le présent ou le parfait pour traduire le futur ou le futur antérieur, quand la proposition incidente sert de complément à une proposition principale.

Ex. : Je vous dirai tout ce qui arrivera, *I shall tell you all that happens.*

c) Dans les propositions françaises exprimant la liberté, la permission, le doute, etc., le verbe de la proposition principale peut se mettre au futur et l'autre demeure au présent. En anglais c'est le contraire qui arrive. Le verbe de la proposition principale se met au présent du potentiel, et le second verbe se met au futur.

Ex. : Vous pourrez prendre ce qui vous plaira, je vous le permets, *you may take what you like, I will allow you.*

d) Dans une proposition subordonnée commençant par *que, qu'il, qu'elle, afin que,* le verbe doit se mettre au futur en anglais, quand en français il exprime une action future.

Ex. : Il craint qu'il ne revienne pas, *he fears he will not return.*

Remarque. — Dans les discours indirects, on emploie presque toujours *shall* aux trois personnes.

Mais on emploie *will* pour indiquer que l'action dépend de la volonté du sujet.

Ex. : Il craint qu'il ne revienne pas (qu'il ne veuille pas revenir), *he fears he will not return.*

N° II.

DES MODES.

I. — Le verbe *let* traduit en anglais la 1re et la 2me personne de l'impératif français. Mais quand on exprime un souhait, une prière et non un ordre, on se sert du potentiel *may*. (1)

Ex. : Que Dieu te bénisse et que nos enfants te vénèrent, etc., *May God bless thee and let our sons hold thee in veneration, etc.*

II. — *a*) On emploie le potentiel *may, might* pour traduire le subjonctif français précédé de *afin que, pour que* et, en règle générale, quand on peut tourner le subjonctif français par le subjonctif du verbe *pouvoir*.

(1) *May* est souvent sous-entendu.

Ex. : Dieu veuille qu'il réussisse, *God grant he may succeed* (puisse réussir).

On peut employer *could* pour exprimer la puissance, la force du sujet.

b) On emploie encore *may* après les mots *whoever, whatever, however.*

Ex. : Quelque grand qu'il soit, *however great he may be.*

c) Quoique *may* exprime la permission il est rarement employé quand en français le verbe *permettre* est exprimé. On se sert alors de *allow.*

III. — Pour exprimer le passé de *must,* on se sert de *had to.*

Ex. : Il lui fallait écrire, *he had to write* ou bien *he was obliged to write.*

IV. — Souvent le verbe *devoir* en français n'exprime pas une obligation, mais un simple futur ; dans ce cas-là, on le traduit en anglais ou par le futur ou par le verbe *be* suivi de *to.*

Ex. : Ils doivent se rencontrer à Londres, *they are to meet (will meet) in London.*

V. — *a*) On emploie *should* après ces mots, *lest, for fear,* de peur que, *in case,* en cas que, *even though, although,* alors même.

Ex. : Fuyez, fuyez, de peur qu'il ne vous trouve ici, *fly, fly, lest he should find you here.*

b) *Should* surtout à la 2e et 3e personne exprime quelquefois le devoir.

Ex. : Positivement, vous devriez écouter ! *now you should listen !*

VI. — L'imparfait français, qui indique une habitude, se traduit par le potentiel *would.*

Ex. : Et toujours ils l'entendaient murmurer dans ses prières, *and still they would hear him whisper in his prayers.*

Would exprime rarement le désir à la deuxième et à la troisième personne ; à la première personne on trouve des expressions comme :

Ex. : Je voudrais qu'il fût ici ! *I would he were here !*

VII. — Le subjonctif est rarement employé en anglais. Il ne doit se mettre qu'après *if, though,* etc., quand une proposition dépend d'une autre proposition.

§ V. — DE L'EMPLOI DE CERTAINS VERBES.

I. — *Aimer,* signifiant affection, amour, se traduit par *love,* autrement il se rend en anglais par *like.*

Ex. : J'aime ma mère, *I love my mother ;* J'aime le thé, *I like tea.*

II. — *Arriver,* signifiant venir, se traduit par *arrive.* Quand il signifie avoir lieu, on le traduit par *happen.*

III. — *Faire,* indiquant une action simple, l'idée générale d'agir, se traduit par *to do.* On emploie donc *to do,* lorsque le régime est quelque chose de vague ou d'indéterminé.

Faire, indiquant une action physique, une œuvre manuelle, se traduit par *to make.*

Remarque. — Ces règles souffrent beaucoup d'exceptions.

Faire faire se traduit par *get done* ou *get made,* selon la nature du régime. Dans ce cas, les participes *done, make* doivent être précédés des noms qui sont leurs sujets.

Ex. : J'ai fait faire ces souliers, *I got these shoes made.*

Faire agir quelqu'un se traduit par *make.* On peut mettre ce verbe au passif et le faire précéder de *to* ; son complément devient alors le sujet

Ex. : On les fit travailler, *they were made to work.*

CHAPITRE VI.

DE L'ADVERBE.

§ Ier. — DE LA PLACE DE L'ADVERBE.

I. — L'adverbe se place avant l'adjectif ou un autre adverbe.

Ex. : Très bon, *very good ;* très bien, *very well ;* assez bon, *good enough.*

Remarque. — *Enough* se place après un adjectif ou un autre adverbe.

II. — *a*) L'adverbe se place *après* le verbe à ses temps simples.

Ex. : Il parle bien, *he speaks well.*

b) Quand un verbe est à un temps simple, l'adverbe se place *après* le complément, si le complément n'est pas trop long.

Ex. : Il écrivit sa lettre rapidement, *he wrote his letter quickly.*

c) Si le complément a une certaine étendue, l'adverbe se place *avant* le verbe ou tout de suite *après.*

Ex. : Il écrivit rapidement la lettre que vous avez reçue, *he quickly wrote the letter you got* ou *he wrote quickly the letter you got.*

d) Si un verbe est accompagné de deux adverbes, ceux-ci se placent de suite *après* le verbe, si le verbe n'a pas de complément, ou si le complément est trop long ; après le complément, si le complément est court.

Ex. : *He wrote very quickly ; he wrote very quickly the letter you got ; he wrote his letter very quickly.*

Remarque. — Cependant, pour attirer l'attention sur l'idée exprimée par l'adverbe, on peut quelquefois le placer avant le verbe.

III. — *a*) Aux temps composés du verbe, l'adverbe se place *après* le verbe et mieux entre l'auxiliaire et le verbe principal.

Ex. : Il a écrit vite, *he has written quickly* ou *he has quickly written.*

b) Cependant on peut placer l'adverbe avant l'auxiliaire pour attirer l'attention.

Ex. : J'écrirai certainement, *I certainly shall write.*

c) L'adverbe ne doit point suivre le complément, à moins qu'il ne soit précédé d'un autre adverbe.

Ex. : J'accomplirai mon devoir tres imparfaitement, *I should very imperfectly execute my task.*

d) Les adverbes suivants doivent toujours être placés avant le verbe dans les temps simples et entre l'auxiliaire et le verbe principal dans les temps composés.

Always,	toujours.	*Often*,	souvent.	*Still*,	encore.
Ever,	toujours	*Seldom*,	rarement.	*Hardly*,	à peine.
Never,	jamais.	*Soon*,	bientôt.	*Scarcely*,	à peine.
Even,	même.	*Little*,	peu.	*Quite*,	tout-à-fait.

IV. — Les adverbes suivants doivent toujours se placer après le verbe dans les temps simples et suivre le verbe principal dans les temps composés.

Above,	en haut.	*Down*,	en bas.	*to Night*,	ce soir.
After,	après.	*Early*,	tôt.	*Somewhat*,	quelque peu.
Ago,	il y a de cela	*Enough*,	assez.	*Thence*,	de là.
Aloft,	en haut.	*Fast*,	vite.	*There*,	là
Around,	autour.	*Forth*,	en avant.	*Thither*,	vers ici
Away,	au loin.	*Forthwith*,	de suite.	*Too*,	trop.
Back,	en arrière.	*Forward*,	en avant.	*Up*.	en haut.
Backwards,	en arrière.	*Hence*,	de là.	*Upwards*,	en haut.
Before,	devant.	*Hither*,	ici.	*Whence*,	d'où.
Behind,	derrière.	*How*,	comment.	*Where*,	où
Below,	en bas.	*In*,	dans.	*Whither*,	vers où.
Beneath.	dessous.	*Inwards*,	dans.	*Yes*.	oui.
By,	auprès.	*Late*,	dernièrement	*Yesterday*,	hier.
to Day,	aujourd'hui.	*to Morrow*,	demain.	*Yonder*,	de loin.

1° *Away*, ainsi que tout adverbe précédé de *too*, se place après le complément, que le verbe soit à un temps simple ou composé.

Ex. : Il gaspilla son argent, *he threw his money away* ; puisque le chagrin ne vient jamais trop tard, *since sorrow never comes too late*.

2°. *Enough* se place après l'adjectif qui alors se met après le nom.

Ex. : Une maison assez grande, *a house large enough*.

Si *enough* est précédé d'un complément, on le place toujours après ce complément.

Ex. : Il arrivera assez tôt, *he will come soon enough*.

Remarque. — Quand un adverbe se rapporte au sens général de la phrase, il se met au commencement.

Ex. : Malheureusement tous les livres avaient été brûlés, *unfortunately all the books had been burnt*.

§ II. — DE L'EMPLOI DE CERTAINS ADVERBES.

Les adverbes suivants semblent avoir la même signification que d'autres mots. L'emploi en est pourtant bien différent et facile à comprendre.

Ainsi :

I. — *Also, still, yet*, signifient tous trois *encore*.

Mais

Also a le sens de *aussi*, *en plus* et n'exprime jamais le temps.

Ex. : Il y avait encore (aussi) votre ami, *your friend was also there.*

Still exprime la *durée* d'une action, et se rapporte au *passé* et au *présent.*

Ex. : Il écrit encore, *he is writing still.*

Yet indique une action possible qui n'a pas encore eu lieu, et se rapporte au futur.

Ex. : Il n'est pas encore venu, *he has not yet come.*

II. — *Above, over, on, upon*, expriment tous *en haut, dessus.*

Above signifie *en haut* simplement.

Ex. : En haut dans la maison, *in the house above.*

Mais

Over signifie *au-dessus de* et a un sens plus précis qu'*above.*

Ex. : Le plafond au-dessus de nos têtes, *the ceiling over our heads.*

On traduit le français *sur.*

Ex. : Le chapeau sur la tête, *his hat on his head.*

Upon a le même sens que *on*, en y joignant l'idée d'élévation, de hauteur.

Ex. : Mettez la chaise sur la table, *put the chair upon the table.*

Après un verbe de mouvement, les deux adverbes *on* et *up* se séparent.

Ex. : Soulevez la chaise et mettez-là sur la table, *lift the chair up on the table.*

Up est alors une préposition.

III. — *Below*, *beneath*, *under*, signifient *en bas*, *dessous*.

Mais

Below signifie en bas.

Beneath traduit l'expression française en dessous.

Ex : Le tapis sur lequel nous sommes, *the carpet beneath us*.

Under signifie sous, en dessous de et a un sens plus précis, plus restreint que l'adverbe précédent.

Ex. : Le tapis sous vos pieds (l'endroit du tapis que vous foulez), *the carpet under your feet.*

IV. — *Only*, *alone*, signifient *seulement* et *seul*.

Only, se rapportant à un substantif ou à un pronom, devient adjectif et synonyme de *alone ;* se rapportant à un adjectif, à un verbe ou à un autre adverbe, il devient adverbe. On voit donc que *only* change complètement le sens d'une phrase suivant la place qu'il occupe.

Ex. : Il était là seul, *he only was there ;* il était là seulement, *he was there only*.

Only adverbe, mal placé, rend une phrase très obscure.

Ainsi dans cette phrase : *un seul acteur déserta*, il importe de placer *only* devant *one*.

Ex. : *Only one actor deserted.*

Only, placé après le nom, semble changer le sens.

Ex. : *One actor only deserted*, pourrait donner à entendre qu'un acteur déserta seulement.

V. — *Till*, *to,* signifient à, jusqu'à.

Till ne se dit que du temps.

Ex. : Jusqu'à-ce qu'il arrive, *till he comes.*

To se dit de la distance.

Ex. : Il alla jusqu'au pont, *he went up to the bridge.*

En poésie, *to* est souvent employé pour *till.*

VI. — *While*, *when*, signifient quand, pendant que.

While indique le temps que dure une action et se traduit par pendant que et veut ordinairement le verbe à la forme progressive.

When au contraire exprime simplement le moment, le temps précis auquel une action se fait.

Ex. : Pendant qu'il écrit, *while he is writing ;* quand il viendra, *when he will come.*

VII. — *Usually, merely, easily, chiefly*, se mettent après les noms et les pronoms, *avant* les adjectifs, les adverbes et les participes. Placés *avant* un verbe, ils se rapportent au sujet ; *après* le verbe, ils se rapportent à ce qui suit.

CHAPITRE VII.

DES PRÉPOSITIONS.

§ Ier. — COMPLÉMENT DE LA PRÉPOSITION.

1°. Toute préposition veut le nom ou pronom qui la suit à l'objectif.

Ex. : Ne tourne pas le dos au nécessiteux, *from him that is needy turn not away.*

2°. Il faut éviter de séparer la préposition du nom dont elle dépend.

Ex. : Ceci rendit bien lent le progrès de son invention, *it rendered the progress of his invention very slow*, et non *it rendered the progress very slow of his invention.*

3°. Un mot, nom ou pronom, ne peut pas être en même temps régime d'une préposition et d'un verbe actif.

Ex. : Il lui parla et le conseilla, *he spoke to him and advised him*, et non *he spoke to and advised him.*

Remarque. — Mais deux prépositions peuvent avoir le même régime quand il n'y a pas d'équivoque possible.

4°. La préposition se place avant le pronom relatif.

Ex. : C'est l'homme à qui j'ai parlé, *he is the man to whom I have spoken.*

5°. Seule la préposition *to* veut le verbe qu'elle précède à l'infinitif. Toutes les autres prépositions veulent le verbe au participe présent.

Ex. : Il l'appela pour ouvrir le portail, *he called him to open the gate ;* après l'avoir entendu, *after hearing him ;* en lisant, *in reading.*

Remarque. — On ne doit jamais mettre deux prépositions devant le même verbe, comme *for to have*, pour avoir. Il faut *to have* ou *for having.*

6°. Certains verbes peuvent être suivis d'une préposition qui en change le sens. Le verbe prend alors un sens que lui donne la préposition.

Ainsi :

go in, entrer. *go up*, monter. *go at*, s'avancer contre.
go out, sortir. *go down*, descendre. *go from*, s'éloigner.

Remarque. — Les prépositions, qui sont aussi adverbes, peuvent quelquefois se mettre après le complément, si le verbe en a un.

§ II. — EMPLOI DE QUELQUES PRÉPOSITIONS.

I. — *At* indique le lieu sans mouvement. Après les verbes de mouvement, il exprime la cessation de l'action, *to arrive at*. Quelquefois il exprime la direction, mais dans un sens hostile.

Ex. : Jeter des pierres à, *io throw stones at*.

II. — *Away*, après un verbe de mouvement, signifie s'en aller. Ex. : S'en aller, *walk away*. — *Away*, après les verbes qui n'indiquent pas mouvement, exprime une idée de continuité. Ex. : Continuer à parler, *talk away*. — Et si le verbe a un complément, *away* exprime l'idée de passer le temps à.

Ex. : Il passa la nuit à parler, *he talked the night away*.

III. — *To* indique le mouvement vers un lieu ; après un verbe de mouvement, il a le sens de *parvenir jusqu'à*, *arrive to*.

To peut remplacer *at*, quand, après un verbe, *at* indiquerait le lieu, et non la cessation de l'action.

Ex. : Terminé à, *limited at* ; limité à, *limited to*.

IV. — *From* indique l'éloignement, et ordinairement avec un verbe qui exprime le mouvement, il est opposé à *to*. Il y a cette différence entre *off* et *from*, que *off* (quelques locutions comme *be off*, etc. exceptées), traduit l'idée de, *à une distance de*, *éloigné de*, sans mouvement ; *from*, au contraire, exprime le mouvement, l'origine, etc.

Of exprime la possession, l'effet ou la conséquence, la privation, mais jamais un mouvement.

V. — *In* marque l'endroit où l'on est. *Into* marque l'entrée dans un lieu, le changement d'une chose en une autre. Ex. : Changer de l'eau en vin, *change water into wine*.

In, après un verbe, peut quelquefois remplacer *into*. On ne peut se servir de *into* que lorsque son complément est exprimé.

VI. — *Out* signifie *dehors*, et donne au verbe qui précède le sens d'épuiser, de finir. Après un verbe de mouvement, *out* signifie sortir.

VII. — *Up*, après un verbe de mouvement, donne à ce verbe le sens de monter. Ex. : Montez, *come up*. — Si le verbe n'exprime pas une idée de mouvement, il signifie cesser, abandonner, finir. (1) Ex. : Abandonner quelque chose, *give up*, *throw up a thing*. — *Up* n'exprime pas toujours un mouvement ascensionnel, mais indique que l'action exprimée par le verbe est complète, que le but est atteint.

VIII. — *Down* donne au verbe, qui indique un mouvement, le sens de descendre.

Ex. : Descendre, *come down*.

Après un autre verbe, d*own* exprime l'idée d'abattre, de renverser, de réduire quelqu'un ou quelque chose.

Ex. : Renverser, *run down*.

IX. — *On* (*sur*, *dessus*), après un verbe exprime une idée de continuité. Ex. : Continuer, *go on*. — Après un verbe de mouvement, *on* signifie *aller en avant*.

---

(1) *Up* donne quelquefois aux verbes *stay*, *remain*, etc., le sens de veiller.

TABLE

FIN.

www.ingramcontent.com/pod-product-compliance
Ingram Content Group UK Ltd.
Pitfield, Milton Keynes, MK11 3LW, UK
UKHW020234220726
13923UKWH00002B/635

9 782019 917012